Jan-Otmar Hesse, Roman Köster, Werner Plumpe

# Die Große Depression

Die Weltwirtschaftskrise 1929–1939

# 大萧条：
# 1929—1939

[德]扬－奥特马尔·黑塞　[德]罗曼·科斯特　[德]维尔纳·普拉姆普　著

欧阳珺　译

浙江人民出版社

浙江省版权局
著作权合同登记章
图字：11-2023-346 号

**图书在版编目（CIP）数据**

大萧条：1929—1939 /（德）扬-奥特马尔·黑塞，
（德）罗曼·科斯特，（德）维尔纳·普拉姆普著；欧阳
珺译. -- 杭州：浙江人民出版社，2025. 6. -- ISBN
978-7-213-11902-6

Ⅰ．F113.7

中国国家版本馆CIP数据核字第2025033DA9号

# 大萧条：1929—1939
DA XIAOTIAO：1929—1939

[德]扬-奥特马尔·黑塞　[德]罗曼·科斯特　[德]维尔纳·普拉姆普　著　　欧阳珺　译

出版发行：浙江人民出版社（杭州市环城北路 177 号　邮编　310006）
　　　　　市场部电话：（0571）85061682　85176516
策划编辑：魏　力
责任编辑：方　程　魏　力
特约编辑：涂继文
营销编辑：陈芊茹
责任校对：陈　春
责任印务：幸天骄
电脑制版：北京之江文化传媒有限公司
印　　刷：杭州丰源印刷有限公司
开　　本：880 毫米 ×1230 毫米　1/32　　印　　张：8.875
字　　数：159 千字　　　　　　　　　插　　页：4
版　　次：2025 年 6 月第 1 版　　　　印　　次：2025 年 6 月第 1 次印刷
书　　号：ISBN 978-7-213-11902-6
定　　价：78.00 元

# 前　言

　　毫无疑问，在两次世界大战的战间期①发生的经济危机就其规模和后果而言是现代经济史上影响最为深刻的事件。它不仅塑造了我们对现代经济发展的理解，还让我们对如此严重的全球经济危机是否会随时重演深为关注，对国家在经济运行中扮演何种角色定位的看法也发生了根本性变化。总之，19世纪的自由乐观主义自此彻底消失了。相反，如今的公民要求国家采取行动保护他们，或者是提供明智的预防措施，或者是在经济危机造成社会影响时提供全面援助。在最近的金融危机和经济危机中，不仅社会政策措施的支持者们，就连企业家们也都对国家出面解决问题寄予厚望。提出这些要求的另一个理由是，国家必须不惜一切代价防止像1929年之后这样的经济灾难再次发生。全球经济危机之所以会影响如此深远，还因为它确实是全球性的现象，不能轻易归因于区域性特点或国家运转失常。

---

① "战间期"是指从第一次世界大战结束到第二次世界大战的这段时期。大致时间范围是1918年至1939年。——译者注

它的广泛影响来源于它的全球性特征，且它塑造了我们的思想。

正因为如此，尽管我们目前已经取得大量不容忽视的研究成果，但对经济学和经济史研究现状的总结以及对危机的起因、过程和后果做出的相应解释仍然很少，至少在德语界是如此。这可能与保罗·萨缪尔森（Paul A.Samuelsons）所持的几乎听天由命的观点有关——他认为全球经济危机主要是由一系列因素的不幸连锁反应造成的，因此很难简单地描述清楚。

仅仅是对迄今为止关于危机起因的文献进行总结，我们就面临在一堆不容易捋清的、相互对立的解释中找到中心线索的难题。然而，从另一方面来说，这场危机的意义如此重大，所以我们不能畏惧，必须做进一步的尝试。

我们不打算把这本书写成一本关于大萧条的百科全书，而是从危机的规律性及在各个国家的特征两个方面呈现。因此，我们主要关注的是那些处于危机焦点的国家和地区，而几乎或完全没有受到危机影响的国家（如日本）则不作重点讲述。此外，历史经济统计数据还不能做到全面且详细地定量描述危机的进程，我们也无法通过自己的努力来弥补这一点。不过，目前的统计结果并没有糟糕到不能用于论证的地步。

这本书的结构是按照我们的典型论证模式设计的。我们首先会对这场危机进行总体概述，然后讨论它对于当时之人的意义，当时的人们对经济繁荣的期望在很大程度上深受 19 世纪自由主义的经济理论及其衍生的政治思想的影响。这场危机——这对我们来说非常重要——不仅仅使经济表现大幅下滑，而且它让当时的主要经济参与者们措手不及，更是让其中一部分人一蹶不振。开篇是关于两次世界战争之间的世界经济结构性问题的章节，在这个章节里，我们一方面审视第一次世界大战的影响，另一方面审视各国为稳定战后经济而采取的措施的影响。金本位制作为当时的国际货币秩序在各个方面都表现优秀。然而为了重回战前的辉煌，人们对它进行了重建，使它成了世界经济的一种悲剧性纽带，因为正是通过它，经济危机才有机会在全球蔓延。在以上探讨之后，我们再观察危机冲击各个国家的情况，按照这些国家摆脱"黄金枷锁"的顺序，从德国、大不列颠联合王国或者说大英帝国开始，然后再到美国和法国。最后，我们重点聚焦在两个不受金本位制约束的国家，即中国和苏联，本章随之结束。正如我们已经强调过的那样，这本书并不是全球经济危机的全景图——不仅日本不作为重点，拉丁美洲也仅作简述。这样的选择使得我们更有可能清楚地了解重点区域的危机进程，由此反过来又勾勒出全球经济危机的轮廓。

　　在这场危机发生之后，我们对危机的起因进行了深刻的讨论，具体包括对迄今为止关于危机性质的研究进行了重新整理，还对基于相应分析结果的国家经济政策行动的期望进行了重新整理。自全球经济危机以来，危机分析在绝大多数情况下总是同时包括两部分：起因分析和防范建议，两者不可分割地融合在一起。当前的危机辩论也说明了这一点，之所以也与1929年的全球经济危机关联起来，是因为人们认为这为当前国家对危机政策合法化提供了更多的论据储备。本书在最后对这一点进行了反思，克制自己不随便提建议。毕竟，历史告诉我们，任何事情都不会发生两次——因此很难从中获取万能药方。

本书可以追溯到我们在金融危机前不久为德国哈根函授大学编写的课程手册。从那时起，我们在多次的共同讨论中深入研究了这一主题，在相当长的一段时间内还与许多朋友、同事和学生进行了探讨。感谢你们所有人，虽然在这里不可能逐一感谢每一个人，但那些对本书有过巨大影响的朋友们肯定会知道我们真诚的感激之情。如果本书有任何错误，当然也都是我们的责任。

2014年夏天，于法兰克福和慕尼黑

# 目　录

**第三章　争议中的全球经济危机　/　209**

**第四章　全球经济危机和当前的金融危机　/　245**

# 第一章
## 全球经济危机与金本位制的建立与衰落

1929 年 10 月，当纽约股市的泡沫破灭时，一开始几乎没有观察者预料到，一场迄今为止最严重的经济危机会爆发，它将从根本上改变世界经济甚至世界政治的面貌。相反，当时大多数人认为这是一波正常的经济衰退，只是因为投机泡沫的破灭而被触发并加深了严重程度。这一事件无疑是引人注目的，因为它骤然终结了所谓的"黄金二十年代"，还因为股民跳窗自杀的新闻画面而令人触目惊心。但经济衰退的规模似乎是有限的，尤其是它对世界经济的影响因地区而异。

1930 年是世界各国经济困难的一年。首当其冲的是美国和德国，总体经济产出下降了至少 5%，失业率上升，一些产业的情况极其糟糕，比如农业。不过，农业已经对逆境习以为常——在整个 20 世纪 20 年代，它一直受到结构性问题（产能过高、产品价格低）的折磨，它本身的重要性就好像完全消失了似的。反之，其他国家比如法国或英国，在 1930 年几乎还没有察觉到这场危机，苏联和日本也只受到了轻微的影响，就连在法西斯政府压迫下开展了激进的经济现代化进程的意大利似乎也没有在这场危机中受到影响。因此，也就不难理解世界各国政府对这场危机的反应不是恐慌，更多的是遵循传统的经济自由主义的原则来执政。各国政府减少了各种活动，以应对财政收入日益萎缩的局面，除此之外，他们只是等待危机自行消除。当然，采取这种观望的态度也是可以理解的，尤其问题的根源来自由金本位制决定的国际货币秩序，它本来就不允许政府采取更主动的行动。

到了 1931 年初，这一策略似乎成功了。无论是从国家经济政策上来判断还是观察许多私营企业的情况，大多数观察者都认为危机基本上已经过去，不久就会出现新的复苏。然而，接下来几个月国际金融和货币危机的急剧升级让这些希望变得毫无根据。脆弱的国际货币秩序体系、战争赔偿或者说跨国债务的复杂问题以及与之相关的全球金融和资本流动失衡，加上曾经的战争反对者对政府的不信任，导致了 1931 年夏天欧洲中央银行、金融部门以及金本位制事实上的崩溃。这些事情的发生又引发了一场保护主义的竞赛，其结果就是，世界贸易进一步急剧萎缩。由于货币、金融以及世界货币体系和世界贸易的崩溃，世界范围内的经济指标数据随之急剧恶化——此前表现一直良好的英国、法国、荷兰和比利时等国也被卷入了漩涡，只有苏联似乎在这场经济灾难中毫发无损。

不断升级的全球农业危机随之也对阿根廷、澳大利亚和西班牙等国造成了极其严重的打击，这些国家曾在第一次世界大战导致的全球经济中心转移中获利。因此，在1931—1932年的冬天，危机达到了顶点，其悲惨的表现是跌破纪录的失业率——1932年2月，德国官方公布有600万人失业，这还不包括那些未纳入官方统计的人群。英国官方统计有285万人失业，美国有1200万人流落街头。然而，这些数字并不能充分反映社会现实，即使那些仍有工作的人也往往是打短工、薪资下降，而且国家为失业者提供的福利支出也大幅减少。大规模的苦难在许多欧洲国家蔓延，并波及美国的乡村地区。

至此，政治体系也受到了越来越大的影响。此前尚未引发较大争议的自由经济政策看起来已无法应付各个国家的经济和社会问题。

因此，1932年不仅是全球经济的灾难年，而且从这时起人们动摇了对自由经济政策的信仰，实际上也就是对政府议会行动能力产生了怀疑。几乎全世界的政府都陷入批判声中，从这个角度来说，这段时期国家社会主义在德国的兴起并不是个例外，只能算是最突出的例子——国家社会主义在各个方面都造成了灾难性的后果。尽管类似的反议会和反自由主义运动在其他国家也日益增多，特别是在奥地利和东南欧地区，但没有造成灾难性的后果。法国在20世纪30年代也尝试了"人民阵线"，在西班牙和葡萄牙则有独裁者上台执政。对于罗斯福领导下的美国政府在多大程度上可以被描述为反议会的，目前仍存有争议，但罗斯福在"新政"中寻求一种新的、直接的、动员人民大众的政治风格，以获得足够的动力绕过看起来烦琐甚至无实际行动能力的议会程序来克服危机。只有英国、荷兰和一些斯堪的纳维亚国家相对来说没有受到这种诱惑。然而，讽刺的是，除了纳粹军备经济的特例以外，与自由主义传统决裂后最终取得的经济成果并不比所谓的失败的自由主义更好。

尽管1932年至1933年后大多数国家的经济开始缓慢复苏，但上升相对缓慢，缺乏经济动力。这是因为此时全世界尚且没有新的货币秩序取代在危机中被打破的金本位制的地位。世界经济仍然深陷国家之间孤立的贸易政策和关税壁垒的泥沼中，世界贸易进一步萎缩。因此，大多数国家的失业率仍然很高，仅德国实现了经济快速增长，在1936年至1937年间实现了充分就业，国家的宏观经济数据也表明这场重大危机已经过去（见附录中的表5和表10）。

但德国经济为这一成功付出的代价是极高的。1933年以后，纳粹政府不仅延续了前几届政府试图刺激经济的努力，而且通过扩大军备和战备措施大幅强化了这些尝试，最终导致了一场军备繁荣。虽然这个举措迅速改善了国内的经济形势，但并非长久之计。而且最重要的是，人民生活水平几乎没有提高。经济的利用率虽然有所提高，但人们仅受益于更长的工作时间，工资却仍停留在危机时的水平。物资供应也没有改善，而且，随着自给自足政策的实施，许多产品和原材料的进口被完全禁止或受到严格限制，导致物资供应情况日益恶化。因此，德国也没法置身事外——全球经济危机直到1939年才结束，要改变唯有战争，但这种改变却是剧烈的。

全球经济危机让大多数国家的经济政策"踏空"。这不仅仅是出于政治上的疏忽渎职、经济理论的不成熟等原因或者是因为各种不幸的条件，还符合普遍认同的观点，即经济发展本身是不受政府控制的。尽管自第一次世界大战以来，这一观念已经广受抨击，但大多数经济政策制定者仍然坚信这一点，至少在危机爆发时是如此。这一观念也反映了更深层次的、更具长期性的理念——经济具有"自我修复能力"，具有内在的均衡发展倾向。这一理念几乎构成了现在资本主义及其理论体系的核心信条——正是基于这一信条，资本主义才得以成功抵制了国家主导、高度管控的经济模式。

18世纪是现代资本主义以及现代经济语义形成的鞍点时期，虽然一个国家是强大的，但这个国家的经济状况却不一定清晰、合理和高效。在古代欧洲，经济更像是一块拼布，由不同的元素交织而成，偶尔会有自由市场和自由城市，但大量的经济活动其实被束缚住，一部分受到政府的严格限制。

这些限制很少单纯基于经济层面考虑，相反，它们往往混杂着地方和区域的利益、贵族特权、道德规范、社会专属权力和纯粹的无知。这些因素通过各国政府根据自己的理解而开展的活动勉强维持一团和气，当然也一起承担相应的结果——经济表现起伏不定，天气和气候变化引发灾难，商品和服务的供应极不稳定，底层人民的生活艰难地维持在勉强生存的水平。因此，在18世纪，到处都是对传统的经济组织形式、在大部分地区盛行的重商主义经济政策、禁令和戒律、特权政策，以及早就没有了任何意义的警察条例或出口禁令等令人费解的规定的批判声。

然而，旧秩序的批评者们并不满足于仅仅谴责政府行动缺乏合理性，其中最著名的批评者来自法国重农学派和苏格兰道德哲学家的阵营——他们将所谓的混乱重商主义与秩序井然的经济世界进行对比，认为后者根据理性规则在运行，所以应该避免"旧制度"的阻碍。这些源自对当前状况不满的对立构思，绝不是日渐发展的资本主义的宣传词，无论是弗朗索瓦·魁奈（François Quesnay）还是亚当·斯密（Adam Smith）对于这个问题都没有做到充分的思考。相反，他们认为，在一个遵循理性原则的经济体中（正如启蒙运动所理解的那样），随着经济运行不断地重建平衡，效率也会显著提高。按照这种观点，经济发展受到的干扰似乎是不合理行为导致的，又或者是气候和天气波动等不可预测的影响因素造成的。在经典政治经济学著作出现的时期，这是一种极其合理的想法，因为反复发生的危机确实大多是农作物歉收、战争或荒谬的经济法规造成的。就此而言，亚当·斯密的《国富论》可以说是他所处时代"不合理"世界的万花筒。

这种观点导致了一种思想：只有当经济被合理地组织起来时，世界才会和谐。它可以看作启蒙运动的一个副产品，自此成了经济思想和自由经济理论的永久组成部分。按照这种观点，正如让·巴蒂斯特·萨伊（Jean Baptiste Say）和约翰·斯图尔特·米尔（John Stuart Mill）所说：经济发展运行过程里的干扰（我们习惯称之为"危机"）随时都可能发生，但这不是经济本身的表现形式，而是意外事件或错误的政治干预导致的后果。这种和谐或平衡的观念认为经济平衡会得到社会的认同，古典经济理论对此甚至相当怀疑，尤其是大卫·李嘉图（David Ricardo）认为，由于可用于支付工资的资金有限，工人的状况很难持续改善。但从经济的运行方式来说，人们并不接受这一论点。曼彻斯特自由主义者对这一点做出了激进的表述：出于社会原因，对经济进程的干预在最坏的情况下会导致经济的瘫痪。因此，应该拒绝这种干预。

然而，19世纪新兴资本主义的经济现实并非如此。经济进程显然在波动，伴随着总体产出下降、销售困难、价格下跌和失业率上升等情况的经济危机并不罕见。相反，至少自19世纪中叶以来，这种起伏的规律性是显而易见的。第一个将这些现象系统化的观察者是19世纪60年代的法国医生克莱门特·朱格拉（Clement Juglar），此外他还相信自己可以算出经济增长和衰退的固定时间节律。后来的经济历史研究也发现了大约为期八年的增长周期或者说衰退周期。虽然在20世纪的进程中，这种周期的长度有波动，但是朱格拉的假设至今仍被证明是有道理的。资本主义的经济发展过程不是整齐划一的，也并非只受外部波动的影响，而是以增长、繁荣、衰退和萧条的循环往复为特征。事实上，自18世纪末以来，"危机"一词已经被广泛用于描述经济衰退和萧条阶段。

不过，朱格拉不是首位提出经济周期性发展理论即"危机理论"的人。这件事首先是由卡尔·马克思（Karl Marx）完成的，至少他为这个理论提供了基石。他的关于经济学的作品最初只是零散地发表在各种刊物上，直到密友弗里德里希·恩格斯（Friedrich Engels）辅助他完成了《资本论》的第二卷和第三卷。按照马克思的观点，反复出现的周期性危机是生产过剩的表现。在经济增长期间，所有资本家都会扩大资本投入和生产，以获得更大的商业利润。这样的趋势就会刺激经济发展，直到可能增加的生产量遭遇有限或至少增长较慢的需求。当资本家难以实现生产剩余价值的时候，价格战就开始了，最终一部分资本家因无法获得和以前一样的剩余价值而破产。资本投入和生产量下降到一定阶段，足够的购买力需求会再次出现，于是这一循环过程又重新开始。

这就是经济的周期性波动，但马克思认为这一过程会越来越严峻，也就是说，资本的有机构成（固定资本与可变资本的比率）肯定会随着时间的推移而发生变化，使得剩余价值率或者说利润率下降，危机会变得越来越严重，越来越尖锐，最终资本主义将不可避免地因其内部矛盾而走向灭亡。

然而，这种崩溃并没有在现实中发生，尽管马克思在 1857 年第一次全球经济危机发生之前一直殷切地期盼着它的到来。1848 年之前，资本主义社会在经济上确实存在问题，但随后开始的全球性经济增长让之前取得的所有经济成果都显得黯然失色。马克思显然完全低估了技术变革的影响，尽管他的设想对于某些产品的生产过程来说可能是正确的，但随着新产品和新的生产方法的出现，整个过程又重新开始。因此，只要资本主义经济能保持创新，马克思的危机机制就只能算是描述了周期性变化的一部分。即使是面对 1873 年至 1895 年这段卷土重来的艰难岁月，几位主要的经济学家对经济均衡发展的内在趋势的乐观态度也没有改变。

而现在，随着所谓的边际主义转变，人们坚信可以用数学公式来证明这一点，当然，前提是永远得实事求是地处理经济问题。

1895 年至 1914 年间，资本主义世界再次出现一段长时间的经济增长，它让人们更加坚信，危机是资本主义幼年时期的一种疾病，发达的以及成熟的资本主义已经摆脱了这种困扰。仍然存在的干扰和波动被归咎于错误的政策，尤其是来自中央银行制造的大量麻烦的利率政策。但总的来说，人们相信这些现象是可控的，尤其是因为一再发生的经济波动甚至也有一些积极的方面：它们最终就像是一场净化危机，从经济上来看达到了披沙拣金的效果。

如果没有第一次世界大战，这种乐观的局面是否会动摇不得而知。虽然战争及其后果并没有摧毁世界经济的节奏，但经济波动幅度越来越大。危机对社会影响的规模开始让人不安，在这种背景之下，1929 年爆发的经济危机彻底打破了在此之前人们对经济危机进程的固有认知。除了造成实际的糟糕经济局面之外，它还让当时的主流经济思想陷入深深的自我怀疑。而且它还让人们有了这样的印象：正是这种经济会自动回归均衡的"错误"想法加深了危机的严重程度并延长了其持续时间。

这次危机因此成了一场政治事件——为政府提供了政策指导性质的经济学理论。美国联邦储备银行前行长本·伯南克（Ben Bernanke）甚至称大萧条为国民经济学的"圣杯"，对它的理解使我们有机会理解宏观经济背景，从而制定有效的政治战略。虽然伯南克并非出自英国经济学家约翰·梅纳德·凯恩斯（John Maynard Keynes）的学派，但凯恩斯这位经济学思想的"大师"应该会在很大程度上同意伯南克的观点。

这次全球经济危机证明了凯恩斯的一般理论的正确性。因此，从某种角度来说，凯恩斯的作品与国内生产总值的暴跌或可怕的失业数字一样源于危机。因为按照凯恩斯在危机期间的阐述，这次危机的程度恰恰表明经济不会如自由市场经济理论所认为的那样——自动恢复到均衡状态，却可能会出现加重失衡的情况，例如劳动力市场上出现高失业率。凯恩斯认为，一般的均衡理论不足以解释清楚经济的变化，应当补充不平衡及重建均衡状态的理论。凯恩斯的这一观点于1936年向公众发表并掀起轩然大波。

凯恩斯将危机的程度归因于这样一个事实，即在某些情况下，经济行为主体并没有像自由市场均衡理论所假设的那样自动进行投资和消费。面对糟糕的预期，企业和消费者都捂紧了钱包，导致生产要素利用率过低、失业率上升和未来预期的进一步恶化。就此而言，基于自由市场理论传统的国家政策是通过节制和调整国家行动以适应不断减少的财政收入来应对危机，最终必定会加剧危机。凯恩斯认为，国家应该在危机中广泛采取干预政策，以弥补市场参与者的"失败"，直到新一轮的经济增长开始，这时国家才可以减少干涉。

　　这一观点并非没有争议，自 20 世纪 50 年代以来，它与米尔顿·弗里德曼（Milton Friedman）和安娜·J. 施瓦茨（Anna J. Schwartz）这两个名字联系在一起。作为凯恩斯思想的竞争者，他们认为危机的真正原因与其说是国家经济政策的普遍失误，不如说是美联储货币政策的失败。美联储在金本位框架内的紧缩政策被认为是全球经济危机灾难的罪魁祸首。这种新的经济理论的范式转变也与对全球经济危机各种相互矛盾的诠释密切相关，我们将在第四章中再回过头来讨论这一点。

　　传统自由主义中政治和经济相分离的旧模式随着凯恩斯在危机理论方面的工作的开展而成为过去。弗里德曼和施瓦茨的货币主义立场当然也是如此。国家的经济政策行动或者说各国央行的货币和汇率政策制度已经失去了清白，它们显然在经济危机中发挥着核心作用——因此，危机的严重程度和持续时间也和国家或央行相关。但是，如果仅仅依据凯恩斯和弗里德曼的理论就认为通过这次全球经济危机就能与旧的自由主义传统一刀两断，那是一种谬误。即使在传统自由主义中，也有人呼吁重新开始。虽然直到 1938 年在巴黎的一次会议上，"新自由主义"这个概念才成为经济学特定变体的概括性术语，但在全球经济危机的过程中，这一概念的含义已经变得清晰。

　　20 世纪 20 年代末的德国已经有声音强烈反对以前的资本

主义发展实践以及相应的国家经济政策。这种声音认为，经济的"托拉斯化"（通过卡特尔和寡头垄断）、市场力量的削弱以及由利益集团把持的议会的无作为导致了市场的全面失灵。因此，关键是通过一个有行动能力的国家来恢复正常运作的市场秩序（奥尔多自由主义），并在必要时顶住来自市场参与者相互冲突的个人利益的压力来维持这个秩序。只有在一个稳固的市场秩序框架内，"市场力量自由发挥"的规则才能发挥其恢复平衡的作用。

　　然而，这些理论出于两个原因仅在特定条件下才适用于观察历史。首先是因为它们具有明显的规范性。研究者选择何种"理论取向"，就会得出相应的结论——失败的国家经济政策，不充分的货币政策，或者是对市场秩序的批评。其中，由于结构的权力集中导致市场失灵，尤其是不能恢复平衡。从历史上看，几乎所有的理论假设都可以找到经验证据，它们也许能够恰当地描述某个特定的方面或局部情况，却无法解释或者说无故忽视其他方面或整体情况。

　　尽管凯恩斯主义、货币主义或奥尔多自由主义这些危机理论和解释是有帮助的，并长期在影响经济史的辩论中有着重要地位（见第四章），但它们无法完全解释危机的历史背景。

　　除此之外，尽管这些理论对一场确实非同寻常的危机作出了反应，但它们对经济政策的影响只能用这场危机来解释。这里有两个前提条件：首先，在大萧条之后，人们必须以与以前不同的方式重新思考经济。如果说大萧条让经济发展的周期性模式看起来很"荒诞"，那么国家对经济采取行动的前提也因这场危机而发生了根本性的变化。其次，人们认为如果采取正确的经济、金融和货币政策，严重的危机在原则上是可以避免的。但正是这种近乎创世主般的要求，使得随后的每一次严重危机都成为一种主流经济理论的范式。无论如何，自全球经济危机发生以来，经济萧条时常带来经济学的变革，在这个过程中产生的那些理论最终本身成为危机的产物——想要尽力解释清楚的观察对象的一部分。

就此而言，将大萧条引发的经济学思想的变革纳入对全球经济危机的描述和解释中，而不是将其划分为脱离历史事件的、对危机的"正确的"或"错误的"解释，可能会开启一种更自由的视角。虽然奥地利裔美国经济学家约瑟夫·熊彼特（Joseph A.Schumpeter）作为奥地利学派的自由主义危机理论的代表出现，但我们在他的文章中找到了应用这种视角的一些思路：他认为危机不是一种可以避免的灾难，而是资本主义结构变革的形式。因此他（在这一点上是彻头彻尾的自由主义者）不需要提出更好的经济政策理论，将每一次危机视为经济结构变化的一般现象和特殊的历史事件即可。

经济危机具有双重特征（类似于与之密切对应的经济增长

和繁荣阶段），它们是资本主义进程的规律性振荡的表现，同时其具体形成总是呈现为一种具体的、错综复杂的历史现象，这种历史现象只能在非常有限的程度上用一个概念去概括。

对熊彼特来说，1929年的全球经济危机是几个不同的、相互重叠的周期在它们的低谷汇合的结果，他通过累积效应解释了这次崩溃的特殊规模。与他那个时代的经济学理论相反，也与凯恩斯不同，熊彼特并没有从均衡理论假设出发，他认为均衡是理解经济关系的合理理论构想，但不足以描述经济的变革。在经济运行的过程中，均衡充其量会偶然地或短期内存在，而持续变化和不断波动才是常态。

如果将熊彼特在1939年出版的作品《商业周期循环论》中对大萧条的解释与凯恩斯在1936年出版的《通论》进行比较，《商业周期循环论》简直就是一篇沉思录。熊彼特不相信国家经济政策会影响经济周期。因此，与同时代的凯恩斯不同，他刻意避免给出实际的建议。这也可能是为什么在危机后的几年里，凯恩斯的文章可谓是受到了全世界经济学学生的追捧，而熊彼特关于经济周期的广泛论述充其量只是被好心提起——全世界都想要解决方案，而熊彼特没能提供。

但熊彼特对经济周期性渐进观点的坚持为我们从历史角度理解这次危机提供了重要思路。根据他的理论，资本主义发展进程中必然会产生萧条，正如熊彼特使用的一个著名短语所表达的,萧条阶段是伴随着资本主义发展进程而来的"创造性破坏"的重要组成部分。这种见解不仅让人们看到了同样随着每次危机周期性出现的系统批评的局限性,也让人们对"我们最终会对经济以及如何操纵经济有足够的了解,以至于能够避免未来的危机"这一观点开始持根本性的怀疑态度。此外,熊彼特的理论也使我们有可能弄清楚这样一个历史观察的视角:根据他的观点,历史研究的重点不在于回答 1929 年之后为什么会发生危机这个问题,而在于回答为什么会发生这样一场导致了前所未有的大规模失业、贫困、饥饿、国际货币体系崩溃和发达世界经济关系解体的危机。

与此同时,熊彼特对国家影响周期性变化的能力持怀疑态度,但也让人开始反思在危机中寻找"罪魁祸首"到底有没有意义。特别是凯恩斯主义者和货币主义者引发的言论将危机的起因问题激化为罪责问题:谁在危机中失败了?谁对经济现实视而不见?谁更了解情况?应该听谁的?因此,除了是否可以用错误的经济政策来解释危机这个问题(这并不意味着我们否认当时确实存在错误的决策,也不否认基于当时的知识水平本可以找到更负责任的或"更好"的政策方案)之外,这种评估似乎完全不具有历史意义,因为他们没有认识到当时的行动者们只能在他们所处时代的认知水平下采取行动。他们也没有认识到,正是这场危机的特殊因素引发了一个重新思考和调整经济思维的过程，然后才导致了人们对当时的行动者的做法的彻底否定。然而，从历史角度观察的时候，我们应该永远铭记：政治家和经济学家当时不知道世界正在经历经济危机，因为他们身处危机之中。

## "黄金二十年代"的危机源头

在英国经济学家约翰·梅纳德·凯恩斯的记忆中，第一次世界大战前的国际经济世界似乎是一个天堂般的存在：

> 伦敦人可以在床上喝着早茶的时候通过电话订购全世界任何数量的各种产品，并有充分的理由期待它们被立即送到自己家门口。他可以在没有护照和其他手续的情况下随心所欲地立即获得前往任何国家或地区的、廉价便利的交通设施，将他的仆人派到邻近的银行网点购买满足他所需数量的贵金属，然后在不了解某异地的宗教、语言或习俗的情况下前往那里，口袋里只需要揣着钱，而且只要有一点点不顺利，他就会非常惊讶并且认为受到了严重的冒犯。但最重要的是，他认为这种状态是正常的、稳定的和持久的，就算改变也只会是变得更好；在他看来，任何偏差都是荒谬的、令人愤慨的和不必要的。军国主义和帝国主义的政治计划、种族和文化的竞争、垄断、

贸易限制和排斥，这些都在这个天堂里扮演蛇的角色，只不过是他读的日报中的谈论，似乎对商业和经济生活的正常运转没有任何影响，而商业和经济的国际化实际上已经完成。①

凯恩斯的这些话是在批评英国商人太天真，忽视了导致第一次世界大战爆发的迫在眉睫的危险。同时，他在 20 世纪 20 年代初指出，这样一种世界经济一体化的状态绝不会自动重新出现，而是只有通过分裂的欧洲各大国家付出巨大的共同努力才能恢复。各国在《凡尔赛条约》谈判中追求的强权政策却威胁到了这一目标的实现——这就是凯恩斯作为谈判代表愤然地离开了谈判桌并成为《凡尔赛条约》及赔偿条款的批评者的原因，这在德国民众中引起广泛的共鸣。

也许对于南美和中国的商人，以及德国和俄罗斯的商人来说，世界经济即使在第一次世界大战之前可能也没有像凯恩斯在英国上层阶级那里观察到的那样宛若天堂。但正如英国经济与世界经济一体化的进程一样，第一次世界大战摧毁或至少深深动摇了其他国家的相互依存关系：第一次世界大战后的经济世界发生了根本性的变化。权力中心发生了转移，贸易流向发生了改变，全球产能过剩的情况在许多经济部门加剧，这在 20

① 凯恩斯，《和平条约的经济后果》。

世纪 20 年代几乎在全球范围内给经济带来了巨大压力。第一次世界大战后的世界经济就像一辆摇摇欲坠、急需维修的破旧汽车。

当然，对于当时的人来说，经济遭受了什么样的损害以及哪里需要修复，显得相当不明朗。关于国际贸易和全球资本流动的经济统计数据和系统数据都是后来在 20 世纪 20 年代晚期才有的。与此同时，许多政治行动者对经济的"自我修复能力"的信念基本上没有动摇。凯恩斯在他的论文中正是批评了这种态度。他认为，尽管许多经济部门出现复苏迹象，而且在一些国家出现了经济增长的现象，但世界经济的特点仍然存在许多危机源头，这些病灶在全球经济危机期间蔓延，引发成片的"火灾"。

最初，世界经济面临的明显挑战，首先是许多未解决的政治利益冲突，不仅在欧洲，而且在太平洋地区，这些冲突都因第一次世界大战而加剧。众所周知，这与法德之间的"世仇"有关，这种仇恨不仅仅在德国的右翼保守阵营中被保留下来。除了条约中很少涉及利益分歧的"凡尔赛体系"之外，"华盛顿体系"也在太平洋地区造成了类似的不稳定的悬殊力量，很难遏制住日本的大国野心。自 1904—1905 年日俄战争以来，通过一系列的领土扩张和野心勃勃的舰队建设计划（投资了高达 43% 的国家预算），日本已成为英国的、但最重要的是美国的严峻竞争对手，它宣称在太平洋拥有统治权。1921年的《五国条约》终止了舰队军备竞赛，同年缔结的《九国条约》旨在保障正在面临巨大危机的中国的不可侵犯性，但收效甚微。这些政治权力的明争暗斗后来在全球经济危机期间妨碍了可以迅速控制危机所必需的国际合作，虽然位于日内瓦的国际联盟的成立以及20世纪20年代举行的各种世界经济和政治会议勉强地掩饰了这些矛盾。

另一个危机源头是战争期间在全球范围内出现的多个行业的巨大产能过剩。首先影响到的是全球农业，这可能也是受影响最严重的行业之一。由于交战国限制其农业生产，其他国家的农业生产面积相应地有所扩大。在战争结束时，德国农业的产量只有战前的一半，就像其他交战国一样，它们至少有一部分消费是通过额外的粮食进口来补偿的，但由于盟军封锁了北海，即使在战争结束几年后，能顺利进口到德国的粮食量依然很少。只有英国在战争期间实现了粮食产量增长。受益者首先是几个主要的农产品出口国，即阿根廷、澳大利亚、加拿大和美国，它们的小麦种植面积增加了30%。

随着欧洲恢复国内农业生产的愿望越来越强烈，在全球范围内出现了农产品生产过剩和农产品出口价格的逐步下跌，这使所有国家的农业基本上都陷入了一场长期危机。甚至在全球经济危机爆发之前，农产品价格就已经下跌了30%，这对那些建立在农产品出口上的单一经济结构的国家影响最为严重。澳大利亚的年度总经济收入的 14% 来自羊毛出口，巴西超过 10% 的收入来自咖啡出口，而在 20 世纪 20 年代，苏联为了通过出口收益为国内工业化提供资金而出口了太多的小麦，以至于让国内人口挨饿。由于这些国家严重依赖农产品出口，所以它们试图通过促进国家出口来保持其出口收入不变，从而进一步加重了全球生产过剩。许多农产品价格螺旋式下跌就是不可避免的后果了（见附录表 9）。

其他行业也出现了全球生产过剩。例如，钢铁业在战争期间因为军工领域的扩张出现了严重的产能过剩，战后它在几个国家同时转型为民用品生产。除了钢铁行业以外，汽车制造业（在德国以外）和航空工业也有所扩大。此外，交战国的供应不足引发了进口替代过程，特别是在化学和染料行业，还有电气工程和制药行业。不仅仅是在德国和美国，受到困扰的工业部门试图通过垄断战略来降低产能，但收效甚微。对于曾经是工业化驱动力的英国纺织业来说，日本的崛起使其遇到了强有力的竞争对手，英国出口商在太平洋市场的地位受到了挑战。

最后一个危机源头是赔款问题，这是凯恩斯一开始就提到的，也是他主要批评的对象。这里讲的并不是 1921 年伦敦最后通牒中确定的 1320 亿马克赔偿对德国经济造成的实际负担，当然，对于当时的德国人来说是一个令人震惊的数字，相当于

1913 年德国国内生产总值的 1.5 倍，并且几乎是 20 世纪 20 年代国内生产总值的 3 倍。由于在后续的付款方式谈判中，这笔款项的很大一部分被视为一种执行抵押，专家们将实际债务总额定为约 500 亿马克，并允许在很长一段时间内分期支付。现在的经济历史学家可以证明，实际有效的赔款并没有对德国经济构成严重的负担，甚至最终是可以解决的。然而，当时的人无从得知这一点。他们以为德国必须在 20 世纪 20 年代的有限经济产出和受限的外贸条件下接受无法承受的外债，因此他们试图通过一切手段减轻这笔债务。

凯恩斯在对赔偿要求的正面攻击中强调更多的，并且后来确实成为世界经济负担的，不是赔款要求的数额，而是德国支付这些赔款的方式。第一次世界大战后，魏玛共和国受到严重的外贸限制，使其几乎不可能实现贸易顺差。德国在国外的私人财产（尤其是商船），以及专利和商标权，很大一部分在战争期间被没收或被征用，因此德国也无法实现任何可观的外国资本收入。因此，履行赔款的唯一途径是在国外借款。鉴于德国有着巨大的工业潜力，这些贷款也慷慨地发放给了德国政府和私营部门。

在 20 世纪 20 年代，逐渐产生了一种充满矛盾且危机四伏的国际货币循环，美国经济学家查尔斯·金德尔伯格（Charles Kindleberger）在对全球经济危机的经典描述中将其描述为"债务旋转木马"：德国在很大程度上通过向美国债权人借贷来满足战胜国的赔款要求。然而，德国获得的资金又从法国和英国回流到了美国，因为这两个国家在战争期间也为了购买军火在美国大量借贷。这一债务循环大大推动了金融市场上的投机泡沫，并由此构成了一个危机源头。然而，由于与另一个危机源头——金本位制的重建相结合，国际"债务旋转木马"升级的可能性显著增加。为了能够简化赔款和相互之间的信贷支付关系，各国必须尽可能避免它们的货币之间的价值波动。在主要经济学家和有影响力的政治家的普遍看法中，没有比所谓的"金本位"更合适的工具了。

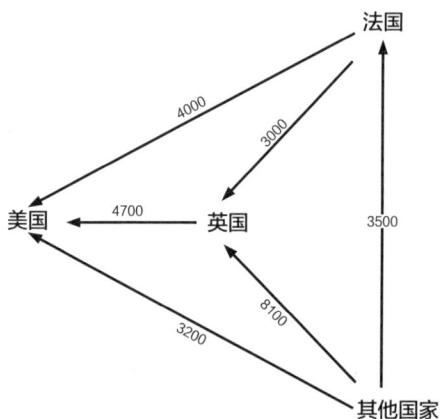

**图1："债务旋转木马"（战争结束时盟国之间的债务关系，以百万美元为单位）**[①]

——————————

① 金德尔伯格（Kindleberger），《世界经济报》，1929—1939年，第40页〔原版：索维（Sauvy），《法国经济史》，1918—1933年，第165页〕。

## 金本位的重建

在现代经济中，货币的使用既不是理所当然的，也不是微不足道的。货币要成为支付手段，必须满足许多条件。最重要的是，它的价值必须稳定，才能在日常交易中被接受。因此，工业化前的社会使用稀有贵金属来保证货币价值的稳定。这种稀有性确保了可用的货币金属总量不会急剧增加。如果它的增长速度不超过商品数量的增长速度，就能确保价格稳定。然而，工业化国家自19世纪末以来不再使用金币本身作为支付手段，而是使用所谓的金本位货币。由金属硬币、纸币和电子货币组成的货币总量与中央银行以金条形式管理的国家黄金储备之间的比例被法定。在英国，从19世纪初开始，每一张额外投入货币流通的英镑纸币必须从英格兰银行实际获取三分之一等值的黄金。通过这种方式，工业化国家确保了货币相对于黄金的价值稳定性，也确保了货币对于采用同一制度的所有其他货币的价值稳定性。因为通过让英镑与黄金具有固定汇率，也就是在英镑和所有其他与黄金保持固定汇率的货币之间形成了固定汇率。如果德国的一个金马克相当于大约三分之一克的黄金（精确值：0.358克），而1英镑相当于大约8克黄金（精确值：7.98克），那么1英镑相当于大约24马克（精确值：7.98：0.358=22.29）。

按照惯例，各国货币对黄金的价值比例是固定的，19 世纪以来，国际固定汇率体系逐步形成，最终为英国绅士们享受凯恩斯所描述的充足、快捷的国际商品供应提供了货币政策背景。德国在德法战争中取得胜利后，出售了储备的白银，开始储备黄金，这使得它能够在 1871 年和 1873 年的两项货币法案中引入金本位货币。

这件事在其他国家引发了连锁反应，它们同样也逐渐引入金本位货币：1879 年的美国、19 世纪 80 年代期间的法国和"拉丁铸币联盟"国家，后来还有一些南美国家。俄罗斯和日本于 1897 年引入，印度自 1898 年起采用金本位货币，而中国和其他少数国家则继续保留银本位。

金本位制建立后，不仅消除了不同货币之间无法预测的汇率波动，由此大大提高了国际贸易的计划安全性，从而促进了贸易往来，还被认为有能力"自动"消除贸易失衡。在 19 世纪末的经济学理论中，人们经常谈论"金本位自动机制"，这一观点可以追溯到英国经济学家及哲学家大卫·休谟（David Hume）的思想。按照 19 世纪的普遍观念，当一个国家持久地从另一个国家购买商品，而不能相应地提供可供交换的商品时，"金本位自动机制"就开始起效。例如，德国在 19 世纪从英国买入的商品（机械、钢铁、煤炭）比出口到英国的商品更多，这样的贸易逆差导致黄金从德国流入英国，因为英国卖家对德国马克不感兴趣。这样，德国渐渐无力支付劳务费，也无力购买商品。然而，由于德国的黄金储备减少，货币供应量也不得不减少，以恢复黄金与货币数量之间的原始比例。这样一来，国内货币供应量相对于国内商品供应量也就减少了。根据另一种经济理论"货币数量理论"，这样就导致了德国国内价格水平相应地下降。也就是说，国内生产的商品通过"金本位自动机制"应该变得更便宜，而外国的商品则应该变得更昂贵。这使得进口英国商品变得没那么有吸引力，而对德国商品的需求增加，因此，根据"金本位自动机制"理论，贸易失衡会通过相应的国内价格水平的变化而重归平衡。

许多当时的货币专家对金本位制的运作方式深信不疑，以至于他们将在 19 世纪末的经济繁荣和贸易的"全球化"全部归因到这种固定汇率制度的转变。即使在今天，一些经济历史学家仍然认为，世界贸易的增长至少有 20% 得益于金本位制度。这种对"金本位自动机制"近乎宗教式的信仰在很大程度上促成了一个事实，即它在第一次世界大战后被视为解决了两次世界大战期间几乎所有经济问题的通用工具而被重新引入。然而，美国经济历史学家巴里·艾肯格林（Barry Eichengreen）一再指出，即使在第一次世界大战前的鼎盛时期,金本位制既没有"自动"运行也没有顺利运行，而是依赖于一些有利的环境条件。

首先，19 世纪 90 年代在南非新发现的黄金是金本位制建立的重要先决条件。如果经济通过创新和生产力的提高而强劲增长，那么货币供应以及国际上可供应的黄金量也必须能够强劲增长，以确保繁荣。其次，只有当每个人都遵守"游戏规则"，金本位才能发挥作用。例如，如果各国积累的黄金储备量大幅度超过了法律为它们规定的黄金支持，那么这些黄金将在系统的其他地方发挥作用，这可能是灾难性的。这种情况在第一次世界大战前的金本位制中出现过。例如，19 世纪 80 年代末，德国将其黄金国库扩大到了货币量的 65%。然而，并没有出现危机的局面，因为全球黄金储备量总的来说比较大并且分布良好。再次，在传统的金本位制度中，英格兰银行对其他国家央行和整个银行体系总体上具有某种先导和示范的作用。它的利息和贷款决定被视为指导框架，英镑作为一种支付手段在国外几乎享有无限的信任。最后，金本位在实践中并没有发挥理论上应有的对国家债务的约束作用。甚至在第一次世界大战前的30 年里，金本位国家的国家债务在增加。因此，事实上，从今天的角度来看，可以认为理论上的"金本位自动机制"在 19 世纪末的实践是不可证实的，至少这一时期的全球经济总体复苏不能归因于金本位制。然而，这并不能改变这样一个事实，即有许多经济政治家，尤其是许多经济专家当时都坚信金本位制有效调节经济平衡的作用。

　　随着第一次世界大战开始，各国中断了"金本位自动机制"，试图尽可能防止黄金储备量外流。但这并不意味着政府会正式取消国内货币的黄金支持。在战争期间的国际军火交易中，黄金量每次都重新按照军火相应的等值商量，以至于实际产生了汇率波动。例如，如果一个商人想在这个系统中从美国( 在1917 年之前中立 ) 购买商品，他首先要获得美元，而他必须为此花费的马克 ( 或黄金 ) 数量每天都会因为波动而变化。即使在第一次世界大战结束后，这些汇率波动也还在严重影响着国际贸易，而在欧洲，无数次的政治冲突和各种战争已然造成供应短缺，让原本就已经够艰难的国际贸易雪上加霜。

此外还有其他问题。战争期间，世界黄金储备量被大幅度重新分配。到了 1923 年，美国拥有价值 38 亿美元的黄金储备量，相当于全球黄金储备量的 44%，因此全球货币黄金储备量处于相当不平衡的状态。如果欧洲国家想重新引入金本位制，它们就不得不从美国购买黄金。然而，它们同时还欠美国的债务，尤其是英国，在战争期间向美国借了大量贷款。其他国家的战争债务也使得它们难以重新引入金本位制，因为引入金本位制相当于让黄金储备量从本来现有黄金储备量就不足以恢复黄金支持的国家流走。为了不让自己国家的黄金储备量进一步流失，英国和法国将其对美国的战争债务捆绑在《凡尔赛条约》中德国所承担的赔款支付上，"债务旋转木马"由此产生。

因此，在经济决策者和货币专家看来，通过强制性政策快速引入金本位制似乎是解决国际收支问题最简单的办法。然而，从另一个角度来看，仓促行事是不可取的。各国在19世纪慢慢地、逐步地过渡到了金本位制，它们在这个过程中用自19世纪70年代以来基于实际贸易关系的自身货币与金价的比值作指导。

然而，第一次世界大战后，情况还非常不明朗。由于战争的发生和资本投机的存在，各国货币对应的黄金价值没有多大意义。因此，经济决策者以"战前黄金平价"为指导，"战前黄金平价"也就是其国家货币在第一次世界大战前相对于黄金或相对于其他货币的价值。然而，黄金价值不再与实际的经济实力分布相对应——例如，英国在第一次世界大战中经济实力被显著削弱。如果从国家政治的角度基于战前黄金平价确定一种货币的黄金价值，而不考虑经济变化，就可能会对一个国家的对外贸易产生严重的影响。如果该货币的黄金价值被高估，那么该国向国外出口的商品就会非常昂贵，很容易被外国的竞争对手压制。后果就是，该国的出口量下降（从而该国积累外汇的能力也下降）。

尽管当时的专家们都很清楚这些问题和风险，在1922年4月热那亚举行的国际经济会议上，28个与会国还是达成了尽快重新引入金本位制的意见。由于引入金本位制所需的全球黄金储备量不足，部分的国家黄金储备也可以外币的形式持有，即外国的金本位货币。

　　黄金支持的目的主要是补偿贸易收支失衡，所以货币专家认为，这种补偿也可以采取外汇支付的形式实现，前提是这种外币在国外被普遍接受（如英镑和美元）。然而，这一原则的采用，使新的"金汇兑本位制"陷入更容易受到可能发生的国家货币危机（正如后来在全球经济危机中发生的那样）或投机资本流动影响的局面。

　　不过，德国的恶性通货膨胀一开始就妨碍了国际社会重新引入金本位制。同时，德国货币的混乱还使"债务旋转木马"停止了旋转。德国的债权人开始积极努力稳定德国货币，1924年的道威斯计划以美国调解人、银行家查尔斯·盖茨·道威斯（Charles G.Dawes）的名字命名，它不仅通过用美国贷款作为过桥资金达成了赔款问题的新规定，从而结束了法国和比利时对鲁尔区的占领，与此同时，这个计划也开启了德国回归金本位制的道路。这一决定于1924年8月以《德国银行法》和《德国货币法》的形式通过，因为不控制货币发行量而导致恶性通货膨胀的德意志银行现在被置于一个"总理事会"的监督之下，理事会有一半成员由外国金融及货币专家组成，将来它还会任命德意志银行行长，从而影响德国的货币政策。此外，《德国行法》规定，新货币（德国马克）必须以40%的黄金支持或可兑换黄金的外汇为支撑。

道威斯计划让德国货币稳定下来，为更多国家重新引入金本位制创造了前提条件。经过激烈讨论，英国在道威斯计划实施仅一年后也引入了金汇兑本位制。这一举措在国内备受争议，因为一些行业受益于低于美元且波动较大的英镑汇率。因此，恢复金本位在英国成了一个政治问题。恢复原来的黄金平价，从而恢复与美元的兑换关系（1英镑=4.86美元）牵涉到国家声誉。时任英国财政大臣的温斯顿·丘吉尔（Winston Churchill）对这一方案可谓是充满热情，以致让凯恩斯在他的文章《丘吉尔先生的经济后果》中对此提出了尖锐的批评。在凯恩斯看来，英镑在新的金汇兑本位制中被高估了10%，因此英国的出口产品价格与美国相比也高出相同的比例。这样一来，原本就被第一次世界大战削弱了的英国出口在国际市场上承受了更大的压力。例如，在阿根廷，英国产品在第一次世界大战前几乎占所有进口产品的三分之一，而美国产品仅占15%。恢复金本位制两年后，阿根廷从美国进口的份额上升到四分之一，而从英国进口的份额则下降到19%。因此，恢复金本位制削弱了英国经济在外贸中产生顺差的能力，从而无力偿还大量的外国贷款。

法国恢复金本位制的过程更加艰难，虽然没有像德国那样最终陷入恶性通货膨胀，但金本位制的恢复仍困难重重。原因是许多出口行业受益于法郎对外币的持续贬值，这使法国产品价格下降从而可以挤占外国商品的市场份额。在第一次世界大战之前，1美元价值5.45法郎，而1924年美元与法郎的汇率已经是1∶15。在战前的金本位制中，1英镑相当于25法郎。然而，1925年英镑按照战前的黄金平价与黄金重新挂钩时，法郎却在1926年之前相对于战前的黄金平价贬值了80%，最终在1928年以124法郎兑1英镑（也就是25法郎兑换1美元）的比例恢复到两次世界大战期间的金汇兑本位制。1805年引入的"芽月法郎"（Franc Germinal）相当于0.29克纯金，而1926年发行的"彭加勒法郎"（Franc Poincaré）则定为0.058克的纯金含量。这样的大幅贬值有利于法国的出口行业，并由法国总理雷蒙·彭加勒（Raymond Poincaré）领导的保守党政府实施。"彭加勒法郎"价值被低估的负担则转由市场份额输给法国出口商的那些国家的出口行业来承担。相对应，法国在恢复金本位制之前就积累了大量盈余资本，最初以外汇的形式持有，自1928年以来越来越多地兑换成黄金。这些兑换行为又给那些不得不交出黄金的国家带来了负担，尤其是英国，后来还有美国。在全球经济危机的货币动荡期间，法国更是受到了从德国、英国和美国撤离资本的"黄金雪崩"的严重冲击。

　　在两次世界大战的战间期，即20世纪20年代中期，金汇兑本位制作为一种全球货币制度建立起来，它从一开始就比战前的金本位制更加不稳定，至少有三个核心的、令人担忧的结构性缺陷，当时但凡敏锐一些的观察者都能意识到这一点。第一，美国拥有大量的全球可用的黄金储备，同时也是需要这些黄金来重建其货币的黄金支持的欧洲国家的债权人。第二，最初在热那亚会议上提出的金汇兑本位制的折中方案，使整个体系极易受到核心外汇的汇率波动或个别货币退出固定汇率体系的影响。第三，出于国家声望的考虑，欧洲国家无法冷静理智地确定其货币对应的黄金价值。自战争爆发以来，世界经济力量的对比关系发生了重大变化，这些变化本应反映在重新评估的汇率中，但事实并非如此。第四，除了这些设计缺陷之外，政治对抗和民族国家的利益冲突也让它的实施更加艰难。如果说英格兰银行能够在第一次世界大战前鼓励其他国家合作，那么在两次世界大战的战间期就缺乏这种权威，而且国家的特殊利益给本已不稳定的货币制度造成了更大的负担。英格兰银行已经失去了在中央银行"交响乐团"中的领导地位，这不仅是因为英国在世界贸易中的份额下降，还因为英国对美国负债累累以及它的黄金储备量流失。此外，伦敦在战前曾经是无可争议的、全球各种金融交易中心的金融城市，现在它的竞争对手有巴黎尤其是纽约。第一次世界大战后，1924 年建立的国际货币体系的调节责任落在了英、法、美国和德国四大中央银行的肩上，并以相应机构的四位负责人为代表：蒙塔古·诺尔曼（Montagu Norman）（法国）、埃米尔·莫罗（Emile Moreau）（英国）、本杰明·斯特朗（Benjamin Strong）（纽约联邦储备委员会主席）和贾马尔·沙赫特（Hjalmar Schacht）（德国）。

战间期的金汇兑本位制主要由四个核心国家的行为决定，而它的影响范围远远超出了这些国家——这一事实也使得这一体系变得不稳定。中美洲和南美洲的一些国家在 19 世纪末就引入了金本位制度，即使在第一次世界大战期间也没有废弃，它们与同样还坚持金本位制的美国加强了贸易往来。其他国家最初面临着稳定国内货币的任务，直到 20 世纪 20 年代末才在部分货币大幅贬值的情况下恢复了金本位制，主要采用金汇兑本位制的形式。日本在 1929 年恢复金本位制，当时全球经济危机已经开始。除了德国以外，波兰、奥地利、匈牙利和爱沙尼亚也只能通过货币重估来实现货币的稳定。

各个国家选择的金本位制度在很大程度上有所不同，很少是纯金本位制度，主要是金汇兑本位制，以黄金和可兑换黄金的国际主导货币（特别是英镑和美元）的储备作为本国货币的支撑。这些国家的外汇储备随后也被用于支持性购买来稳定本国货币在外汇市场的汇率。早在 1926 年，已经有 39 个国家之间存在着固定汇率，其中 17 个国家在欧洲。随着全球经济危机的爆发，金汇兑本位制已经扩展到世界上大多数国家。关于一些国家为了实施这种货币制度而强制执行的经济政策调整措施是否成为导致全球经济危机发生的原因之一，至今仍有争议（我们将在第四章进一步深入讨论）。然而，毫无疑问，金本位制度使得一些国家和地区的结构性经济危机得以迅速蔓延到其他国家。即使是为数不多的仍坚持银本位的国家（如中国和一些亚洲国家），最终也因为金本位制度的崩溃而被卷入了全球经济危机的漩涡之中。

## 金本位制在全球经济危机中的衰落

经典的金本位自动机制观念旨在恢复贸易收支平衡。鉴于前工业时代国际金融市场的联系较弱，而且创业资本的要求相对较低，用金本位自动机制来解释跨入19世纪时的国际经济关系再恰当不过了。然而在随后的工业化过程中，这种描述变得越来越不准确。进入19世纪，各大金融市场的联系已经变得更加紧密，特别是跨大西洋资本的联合，1857年和1873年美国和欧洲的区域性金融市场危机就各自牵连到其他市场。

欧洲国家大量借贷并转向金汇兑本位制，使得整个货币体系在第一次世界大战后更容易受到国际资本流动的影响。与此同时，国际资本流动的重要性大大增加，特别是投机性的资本流动。在固定汇率的基础上，不仅贸易往来没有汇率风险，而且资本可以在几乎没有任何风险的情况下实现跨境转移。金汇兑本位制内的巨大利率差异使得这种投机性的资本流动对投资

者很有吸引力。例如，法国在战后每年向债权人支付超过40%
的利息。鉴于欧洲的政治和经济还不稳定，债权人通常只愿意
接受短期的承诺，因此这种高息的国家债券的到期日往往被限
制在几年内。

　　在这种情况下，如果外国债权人想在信贷合同到期时从债
务国撤资，可能是因为另一个国家提供的回报更具吸引力，也
可能仅仅因为债务国的政治局势似乎不太稳定，那么这将直接
影响债务国的黄金储备。当时国际信贷业务的惯例是，外国贷
款人要求以黄金或外币的形式支付其资产，以便将其转移到国
外。于是外国贷款人所投资的信贷机构从债务国央行获得相应
数额的外汇，以付清外国贷款人的债务。

　　由此可见，外国资本从金本位制度的国家撤出就减少了该
国可支配的黄金和外汇储备，从而减少了该货币的黄金和外汇
支持率。这些国家试图实现货币的超额支持，进一步扩大了两
次世界大战战间期对黄金的需求。然而，如果撤出的资本量过大，
黄金支持率就会降到规定的基准以下，例如在德国，这个基准
是现金流通量的40%（包括外汇），在法国是35%。这些国家
倘若无法在短期内扩大其黄金储备量，比如通过向国外借贷，
那就只剩下一种方法可以恢复其100%的黄金支持率——减少
国内的货币供应，使因为外资撤走而减少的黄金及外汇储备重
新达到相应货币供应的百分比要求。这种有针对性的货币供应

消减政策后来被称为"通货紧缩政策"。

通货紧缩政策对国内经济产生了直接影响。货币供应量减少导致国内物价下跌。出于金本位自动机制的信念，这正是大家希望看到的，因为较低的价格本应增加各国出口商品的销售额，并在国内增加对本国生产的商品的需求。又因为这些商品现在比从国外进口的商品便宜，这样一来就会节省外汇，创造出新的经济平衡。然而，在两次世界大战的动荡中，再加上20世纪20年代以来再次抬头的贸易保护主义，一般的物价下降并不一定会带来这样的结果，特别是几个国家同时试图通过国内通缩政策重新建立其国际竞争力。与期望中推动出口产业复苏相反，这个时期的通缩政策部分地对国内经济产生了破坏性的影响，物价下跌导致公司营业额下降，裁员增加，进一步减少了税收收入，并且无法再偿还外国贷款。

摆脱这种恶性循环的一个方法是放弃货币的金平价。通过这一举措可以立刻消除对国内价格水平的压力，降低货币的对外价值（即货币相对于其他金本位货币贬值）。这样一来，该国的出口产品与其他国家相比会更便宜。同时，进口商品的价格却会上涨。对于严重依赖外国进口的国家来说，这样做是有风险的。此外，由于国家对外的旧有债务仍按旧汇率计算，依赖金本位制的国家的外债将因为这一举措而增加。为了清偿相同数量的黄金负债，这些国家必须花费自己更多的货币。所以说，除了在两次世界大战战间期体现的众多优点以外，金本位制度也有其明显的缺点，而且到全球经济危机时便凸显了出来。

最初影响金本位制度的并不是危机本身，而是1928年和1929年纽约证券交易所的繁荣，在这里，股票价值在几个月内就翻了一番，于是在美国购买股票成为全球范围内极具吸引力的投资项目，许多资产所有者从其他国家撤出资金，到纽约证券交易所投机。随着短期债券到期，世界各地过度负债的国家发现想要延长还债期限变得越来越难。越来越多的资本被转移，对一些国家的黄金储备造成了压力。1929年10月，纽约股市"大崩盘"，然而，除了少数例外，从其他国家撤出的资本随着股市的崩溃有增无减：一方面是因为需要这些外国资产来弥补美国股市崩盘造成的资金损失，另一方面是为了让其他周边国家不再被视为安全的投资选择。

由于全球对原材料和食品的需求急剧增加，一些南美洲国家自20世纪初以来经历了出口繁荣，而现在这些国家面临着有史以来最严重的货币压力。随着原材料价格的下跌（见附录中的表9），这些国家的出口收入在20世纪20年代中期已经开始下降，使它们越来越难以偿还外债以及购买进口商品，其结果就是这些国家的黄金储备急剧减少。南美洲的全部黄金储备在1928年底仍接近10亿美元，而两年后已经减少至略高于这个数字的一半。最后，这些国家退出了金本位制。阿根廷和乌拉圭在 1929 年底率先作出相应的决定，巴西、智利、巴拉圭、委内瑞拉和秘鲁在 20 世纪 30 年代紧随其后，其他一些国家也主动让本国货币贬值，甚至包括一些英联邦国家，如加拿大、澳大利亚和新西兰。

一场致命的动荡由此引发。因为一个国家的货币如果有一夜之间贬值的风险，外国投资者在多数情况下就只能以大幅折价的汇率兑换回在该国的储蓄，他们会损失惨重。仅仅是对其他国家也可能会效仿贬值的担忧，就已经导致了大规模的国际资本流动。在第一次世界大战前的经典金本位制中，这种短期的黄金外流仍然可以通过黄金盈余国的慷慨贷款来对冲。然而在战间期逐渐显现的危机中，此类贷款变得稀缺，因此货币危机不断升级。

在 20 世纪 30 年代，英国和德国多次面临大量的黄金和外汇流失情况。就德国而言，很长一段时间以来这种流失都被归因于纳粹党的成功掌权吓跑了外国债权人。然而，最近的研究表明，当时德国国内投资者的资本外逃量超过外国资本的撤出量。相反，法国却自 1928 年以来从德国、英国甚至美国获得了大量的流入黄金，得以积累了相当可观的黄金储备，占现金流通量的 65% 以上。直至 1933 年，法国积累的货币黄金数量已增长到相当可观的 30 亿美元，相当于美国黄金储备的四分之三。颇具讽刺意味的是，法国黄金储备的形成是通过法国国家银行的政策实现的，在该政策的指导下，积累的外汇库存兑换成了黄金。在这一局势的鼎盛时期，法国国家银行每周通过纽约的银行将价值 2500 万美元的英镑存款兑换成黄金，从而给英镑带来了相当大的压力。

1931 年春季，欧洲银行业的危机加重了货币体系的紧张局面，欧洲的大银行也因资本流动而部分地陷入困境。尤其是因为德国和奥地利的银行在通胀期后积累的自有资产太少，资本撤离将它们推向了无力支付的边缘，此外还存在管理失误，以及一些银行家的欺诈行为。奥地利最大的综合银行——奥地利信贷银行的倒闭引发了德、奥银行业的连锁反应。一些较小的银行和法兰克福综合保险公司的破产，最终导致不来梅的北德羊毛纺纱集团公司（Nordwolle AG）破产，而达纳特银行（Danat-Bank）持有该集团公司的大量股份。1931 年 7 月，德国五大银行之一的达纳特银行也濒临破产，让德国政府面临必须立即进行干预的局面。

1931 年 5 月和 6 月从德国转移的资本急剧增加，这导致德国货币的黄金支持率降至法定的基准 40% 以下，银行业的危机加重了资本转移的趋势。为了确保有足够的外汇支付手段用于进口急需的货物，德国政府最终在同年 7 月实行所谓的"外汇管制"。根据这一措施，将本国货币（德国马克）兑换成外币（外汇）或黄金须经国家当局（外汇管理处）批准。此后，德国货币不能再自由兑换成外币，尽管它在名义上仍然是一种可兑换黄金的货币。这导致德国马克对外国人而言降低了价值——如果其他地方有更好的投资机会，他们却无法轻易地将投资于德国的金融资源再次转换为外国资产。这样，德国引入外汇管制实际上相当于让德国马克贬值。

德国的这一紧急措施也对其他国家的经济及其货币产生了影响，其中英国面临着更大的黄金流失的压力，尤其是因为上文提到过法国国家银行实施的外汇兑换黄金的行为。投资者们试图将他们在伦敦持有的货币兑换成黄金，这缘于他们对货币稳定的信心因多次贬值而动摇。与此同时，法国拥有充沛的黄金储备，在这种情况下，对于许多黄金持有者而言，法国看起来是远远更值得信赖的金融中心，因此发生了上述的资本转移。

最后，英国在1931年9月决定暂停黄金兑换，以阻止黄金外流，并使其货币相对于金本位制国家来说大幅贬值。这一举措让英国的出口产品几乎一夜之间在国际市场上重获竞争力。此外，一些英联邦国家和重要的贸易伙伴决定将其货币与英镑挂钩，即通过在外汇市场上的操作，使其货币与英镑之间的汇率保持稳定。这就在金本位制之外形成了一个以英镑为核心的货币区，在这个货币区中，对外贸易和资本交易相对简单且风险低，但缺点就是与其他货币区的联系日益减少。

就在英国通过这些措施成功摆脱了国内价格下跌、企业倒闭和失业率上升的恶性循环，并相对轻松地度过了全球经济危机的同时，黄金投机集中出现在美国。美国极端糟糕的经济形势和不稳定的银行体系导致资本从美国撤出，并转移到法国或其他的金本位制国家（瑞士、荷兰等）。仅在德国实行外汇管制四个月后，美国的黄金储备就下降了12%。美国的银行业危机在1932—1933年愈演愈烈，政府越来越有可能实施大幅度的政策干预，这进一步加剧了资本撤出。1932年11月当选总统的富兰克林·罗斯福（Franklin D.Roosevelt）上任后就立即在1933年3月废除了美元的黄金兑换义务，禁止私人拥有黄金，并让美元相对于黄金大幅贬值。之前1盎司黄金价值20.67美元，从1935年开始需要35美元才能购买1盎司黄金，相当于美元对黄金贬值了约41%。

对于当时正在筹备中的伦敦世界经济会议来说，美国总统的这一决定犹如投放了一枚炸弹。举办这次会议的目的是摒弃"以邻为壑"的政策，各个国家自从全球经济危机爆发以来，试图通过货币贬值和关税及贸易保护主义政策将危机转嫁给国际社会以保全国内经济。然而，由于全球经济危机尤其是银行业危机对美国的沉重打击，美国现在已经无法冒着外汇储备进一步流失的风险继续坚持金本位制。

随着美国这一决定的落实，整个世界从1933年初开始分裂成了四个货币区。多个中欧和东南欧国家实行外汇管制，实际上贸易回归到了物物交换的形式。在这一体系下，商品进行直接交换，在没有国际公认的可交易货币的情况下，货物价值被记入账户。例如，德国出口商从国内结算机构以本国货币的形式收到出口商品的销售款。然后，不同国家的清算所（或结算所）定期（通常每月）就彼此的头寸达成一致，结算盈余，为此完全可以再次使用黄金或者其他可兑换黄金的外汇。处于这个东南欧和中欧结算系统中心地位的是施行纳粹制度的德国，在外汇储备几乎已经耗尽后，它在1933年中期进一步加强了外汇管制。此外，奥地利、匈牙利、保加利亚和南斯拉夫也在1931年引入了外汇管制制度，一年后罗马尼亚也效仿。土耳其也在对外贸易中采用了这种对外汇储备的官方控制——尽管不同于其他国家，土耳其之前没有引入金本位制，但由于它与这些国家之间的贸易联系紧密，所以可以将其归为"外汇管理区"。

英国是"英镑区"的核心。除了英国殖民地和大多数"自治领"如澳大利亚、新西兰和爱尔兰以外，属于英镑区的还有埃及、伊拉克和外约旦。后来又增加了泰国、瑞典、挪威、芬兰、丹麦和爱沙尼亚。1936年后，拉脱维亚、伊朗和南非联盟也加入了英镑区。这些国家和地区的货币与英镑挂钩，但英镑本身无法兑换成黄金。加拿大则决定将本国货币同时与美元和英镑挂钩，因此在英镑区和美元区之间占据了一个中间地带（曾短暂地出现在美国的贸易区，直到美元贬值）。

最终，一个缩小后的金本位区继续存在，法国以其庞大的黄金储备构成这个货币区的中心。瑞士、比利时、荷兰及其印尼殖民地、意大利、捷克斯洛伐克和波兰也没有放弃黄金的可兑换性，并与法国及其殖民地一起组成了这个金本位区。由于英镑区国家和后来的美元区国家的货币大幅贬值，金本位区国家不得不与这些竞争对手出口商品的大幅降价作斗争。例如，至1934年3月，阿根廷和日本的货币相对于原始的金平价和留在金本位区国家的货币贬值了64%，而英国的货币则贬值了38%。除了金本位制瓦解后的这四个货币体系之外，中国的银本位是另一种重要的货币体系，但它不具有货币及贸易区的特征。苏联则建立了自己的货币及贸易制度。尽管苏联在1936年才正式放弃金本位制，但它早在1926年就已经禁止卢布兑换外币，从而使整个经济与世界市场脱钩。

这些政策意义上的货币区的形成，使得这些货币区之间的贸易还有国际资本流动变得相当困难。全球贸易总额在这一时期减少到了原来的三分之一，但这应归咎于直接的贸易限制措施。

由于罗斯福政府的严厉措施（即禁止私人持有超过少量的黄金和强制性交换义务），1933年美国的黄金流失稳定了下来。与此相反，法国的黄金持有量面临压力，因为它现在是唯一能够用持有的外汇换取黄金的国家。其他国家货币的贬值消除了法国商品的价格优势，英国和后来美国的经济复苏使得将资本从法国转移出去变得有吸引力。由于国内局势的不稳定，法国也受到了全球经济危机的冲击，并且出于对金本位自动机制逻辑的信仰，法国的回应方式是实施限制性的国内通缩政策。1934年意大利转向外汇管制，次年比利时禁止兑换黄金，在此之后，法国以及后来的荷兰、瑞士和波兰最终于1936年9月成为最后一批放弃金汇兑本位制的国家。金本位的最后"堡垒"随之倒塌，各国货币对黄金贬值，并纷纷试图加入现有的货币区。

还在第二次世界大战期间，国际社会就对两次世界大战战间期的货币制度缺陷在多大程度上导致了全球经济危机的升级这个问题进行过深入讨论和科学研究。1944年在布雷顿森林会议上重新规划战后世界经济秩序的议程中，各国一致认为再次引入金本位制既不可能也不可取。各国代表在会议上讨论了各种替代方案和保障机制，最终的结果是形成了一种以金本位为导向的货币秩序，其中美元作为唯一一种可以兑换黄金的"锚定货币"延续了金本位的传统，所有其他货币都固定其汇率与美元挂钩。各国不再依靠本国的黄金或外汇储备，而是将外汇储备（主要是美元）存放在1947年成立的国际货币基金组织中。有了这一笔外汇储备就有权向国际货币基金组织借款，这样可以稳定国际贸易，避免资本收支不平衡。因此，很大一部分国家（东方货币区国家大部分没有加入该体系）在第二次世界大战后重新采用固定汇率的原则，将其作为国际货币制度的基础。当然，因为吸取了战间期的教训，国际法的许多条款已经完善了这一原则。事实上，布雷顿森林体系在20世纪70年代最终因为其他问题而失败。

金本位作为战间期的国际货币制度的技术基础，是否引发或至少加剧了全球经济危机？各领域的学者都对这一问题进行了深入的讨论。经济历史学家巴里·艾肯格林和彼得·特明（Peter Temin）就认为金本位制是全球经济危机的真正放大器。在他们看来，这一货币政策必然会减少国内货币的供应量，大大加剧国内的经济危机，进而通过连锁反应影响其他经济体，延缓了经济复苏。反之，在英国等相对较早就放弃了金本位制的国家，这场危机的程度就比美国等国要轻得多。这一指控首先将矛头指向当时的经济决策者们，认为他们缺乏远见和洞察力，几乎盲目地坚持一个在1931年就已经无法单纯在技术上调节经济难题的国际货币制度：为了帮助那些黄金外流严重的国家，当时就已经需要76亿美元的黄金储备（按照旧的金平价），超过了黄金持有量最大的两个国家（美国和法国）的储备总和。1931年前后所有金本位国家的黄金库存总共刚刚超过110亿美元。

不过，现在也有很多人指出，经济史研究不能只基于在了解宏观经济背景和更多的货币政策备选方案后才采用的标准来评判当时参与者的行为，因为这些后来的理解毕竟是全球经济危机的结果。凯恩斯于 1936 年发表的《就业、利息和货币通论》对经济周期进行了更准确的统计，通过在此之后的讨论才使得如此复杂的经济行动成为可能。而在此之前，经济决策者们还无法获得像货币供应量和资本收支平衡表这样的宏观经济数据，因此他们也就不可能将其作为行动指导，即使具备必要的经济学知识和干预意愿也无济于事。早些时候，艾肯格林和特明就已经批判道，许多国家的经济决策者长期以来一直为了某些经济利益集团的利益捍卫金本位制，特别是美国的投资者和实业家以及法国的出口行业的利益。他们还认为，在德国，布吕宁（Brüning）的通货紧缩政策单方面将危机的负担强加给了失业者和大多数实际收入缩减的就业者。

显而易见，金本位制本身并非导致这场经济危机的根本原因，而只是通过在许多国家迅速传递这一冲击加深了危机的程度。世界经济和许多国家的经济结构问题与金本位制无关。正如查尔斯·金德尔伯格对农业问题进行详细分析时所指出的，价格下降无疑是由于出现了"真正的"生产过剩，而非货币限制所致。因此，艾肯格林和特明主要鉴于美国的情况提出了建议，即尽早地大规模增加货币供应。这是否真的能防止或者哪怕只是缓解世界经济危机（如果实施的话），仍然是值得怀疑的。即使在脱离金本位制之后，英国和美国的物价水平仍在持续下降，这一点并没有因国家货币供应量在此期间的增加而有多大改变。在这场经济历史争论中出现的所有论点，都是在重大经济理论"凯恩斯主义"和"货币主义"冲突的背景下提出的，因此有时的确带有"教条主义"（关于这一点将在第四章中进一步解释）。因此，全球经济危机这一主题在近现代经济学发展中一直具有核心重要性，但这并不一定有助于理解历史事件：在经济理论上，对事实的解释几乎总是极具争议。

今天，对世界经济危机期间国际货币政策的经济历史学研究认为，货币制度的"自动机制"并没有人们在20世纪70年代刚刚发现和理解这种"机制"的存在时所认为的那么有效。正如金本位并非危机起因一样，货币政策调整也不太可能及时地阻止全球经济危机的发生。然而，作为一种通过连锁反应将某国经济危机迅速传播到其他国家的传播机制，金本位制度确实起到了加剧危机的作用。货币体系的全球一体化与许多地方深刻的政治分歧形成了鲜明的对比，这使得多国协调的经济政策干预变得几乎不可能，进一步加剧了一些国家的危机。第二次世界大战后，人们从中吸取了历史教训，因为布雷顿森林货币体系（除了解决许多技术细节外）有一个首要目标：即使发生全球经济危机，国际合作也不能停止，也绝不能回归到经济民族主义。

# 第二章
## 危机在各国

## 第一节　危机在德国

### 德国短暂却深刻的危机

全球经济危机对德国的打击尤为严重。除了美国外，德国是工业生产和整体经济产出下降最严重且失业率也最高的国家。这次全球经济危机的严重程度之深是危机前几年已经显现出来的结构性问题的结果。这一点在当时就已经得到了人们的一致认同，在经济史研究中对此也是毫无疑问的。当时细心的观察者们也明确预测到了这次全球经济危机的严重性，例如在瑞士工作的奥地利银行家费利克斯·索马利（Felix Somary），他反复指出，短期贷款掩盖的全球经济失衡最终导致了灾难。哪怕是 20 世纪 20 年代的表面繁荣也没能蒙蔽他，1927 年 4 月，他在科隆大学就已经以敏锐的洞察力宣称：[1]"《凡尔赛条约》

---

[1]　费利克斯·索马利（1932），《当前经济的中心问题》，收录于《危机的起因》，图宾根，第 25 页。

八年，德国货币彻底崩溃四年，施廷内斯崩盘[1] 两年后的今天，我们正处于必将以可怕的灾难收尾的繁荣之中。"但谁会听信卡珊德拉[2] 呢？

在这一点上，德国和美国的情况差别很大。1929 年秋天，在纽约，随着股票泡沫的破灭，一场投机炒作的狂热和夸张的繁荣宣告破灭。类似的现象在德国并不存在。尽管那里的股票市场也因华尔街崩盘而崩溃，但在这场暴跌之前，没有出现哪怕一点类似的投机狂潮。1928 年是魏玛政府时期股票市场最繁荣的一年，但股票平均价格还是没有达到 1913 年的水平。1929 年，股价已经明显下跌，在 1931 年跌至 1928 年股价的三分之一，达到危机中的最低点。

尽管德国的危机已经显而易见了，但德国并没有经历像美国那样的彻底崩溃。在这两个受危机影响最严重的经济体中，危机的起因和发展过程大为不同，这一事实说明我们应该对仓促和简化的危机解释论保持怀疑态度，有必要区别地审视影响危机前期发展的结构性条件。如果像长期以来在以民族国家为导向的历史研究那样，单纯关注德国及其经济、社会和政治问题，

---

[1] 1925 年德国工业巨头胡戈·施廷内斯商业帝国的崩溃事件。施廷内斯家族在 1925 年因过度扩张和高负债导致的财务危机。施廷内斯通过通货膨胀时期的廉价信贷疯狂收购企业（旗下超 4500 家公司），但在 1924 年德国货币稳定后，其债务负担暴增，最终引发企业集团破产。
[2] 希腊神话中的人物，她因为诅咒而被赋予看到未来的能力，但她的预言却无人相信。

是不够的。魏玛共和国的重重困难与战间期的世界经济问题紧密相连。在介绍对 1929 年德国经济危机造成了特殊影响的结构条件、先决状况和特殊因素之前，应该先对危机本身、其发展过程和规模进行审视。

## 危机的过程和规模

熊彼特确实是对的，20 世纪 20 年代的危机的发生恰好可以用经济发展过程的周期性变化来理解。上一次较重大的经济危机出现在 1920—1921 年间，德国通过战后政府的通胀政策在很大程度上得以摆脱其影响，但稍后却没能逃过 1925—1926 年间的危机。根据朱格拉周期①，下一次重大危机预计将在十年后发生，事实上它也确实在 1929 年的秋季显现。在德国，危机的最初迹象在 1928 年就已经被察觉到了，到 1929 年经济明显放缓，失业率开始大幅上升。对于大多数观察者来说，一场周期性危机极有可能迫在眉睫。例如，德国工业界代表们在 1929 年一直在警告人们经济衰退近在眼前。他们认为，如果政府不大幅调整财政和税收政策，经济将无法摆脱沉重的税收负担，

① 由法国经济学家克莱门特·朱格拉（Clément Juglar）在 19 世纪中叶提出的理论，他观察到工业国家经济活动中存在周期性的波动。这一周期通常被认为是中周期，长度约为 7 到 11 年，平均约 9 年。

以至于无法发展生产力，那么经济衰退将不可避免。1929 年
12 月，德国工业联盟（RDI）在其引人注目的报告《崛起还是
衰落》中明确表达了这些要求。这些要求在当时的辩论中自然
被视为受利益驱使的立场，因此在当时（以及在后来的一些历
史研究中）受到了不公正的谴责。然而，不管人们是如何具体
评判这些来自工业界的声音的，敏锐的观察者们很早就对 1929
年秋季纽约股市崩盘后正式爆发的危机发出了强烈警告。

　　这次危机的规模——首先纯粹从统计数据上看——极其庞
大，甚至令人恐惧。在此之前以及在此之后，德国都没有发生
过类似的经济崩溃，至少在和平时期没有。即使是 2007 年到
2009 年的金融和经济危机与这次经济衰退相比也相形见绌，这
次经济衰退不仅超过了以往的所有危机，还让当时的政治家和
企业家们很快面临几乎无法解决的在当时前所未闻的难题。德
国国内生产总值连续四年下降：1929 年下降已经明显，1930
年略有放缓，1931 年下降再次加速，在 1931 年至 1932 年的
冬季达到峰值，1932 年春季和夏季经济衰退趋于平稳，初现
可能复苏的迹象。1929 年至 1932 年间，净社会生产总值下降
了 25%；年均复合增长率为 -7.2%，其中工业生产总值下降了
40%；在服务业和农业领域，经济收缩的规模较小一些。农业
领域之所以如此，是因为自 20 世纪 20 年代中期以来，该行业
就已经陷入了一场漫长的危机。

如果我们更仔细地观察工业生产，就会发现投资品行业受到的影响最大。相应的生产水平在 1932 年比 1929 年下降了近70%；生产商品产量的下降幅度为 60%，仅略低于投资品的降幅。消费和消耗品行业受到的影响较小。如果以非弹性消耗品领域（如主食）为基准，那么 1929 年至 1932 年间近 20% 的收缩仍然算相对温和。服务业领域的衰退程度也差不多，尤其是因为德国政府在危机期间推行的限制性经济政策的影响直接反映在这个领域。

物质生产要素的利用率不足反映在就业数据中，1929 年至1932 年间，就业率下降了近 30%。相应地，失业人数从 1929年的年均 190 万逐步上升到 1930 年的 310 万、1931 年的 450万和 1932 年的 560 万，分别与官方宣布的失业率 8.5%（1929年）、14%（1930 年）、21.9%（1931 年）和 29.9%（1932 年）对应。这些数字仅仅反映了真实情况的冰山一角，因为除了官方登记的失业者之外，没有报到的失业人群也在增加。许多失业者重返农业，其他人被取消登记并分配给地方福利机构，相当多的人最终完全放弃了求职，过着潦倒的生活。

因此，实际失业率难以定量，很可能远高于这些平均值。此外，还有一个通常被低估的因素，那就是自 1930 年以来，至少在工业领域，工作时间越来越短；最终，没有工时补偿的短工不再是少数情况，而是成了仅存的就业市场的常态。除了少数例外，每个德国家庭都很可能在1932年直接或间接地受到了这场危机的影响，无论是直接地受到失业的影响，还是间接地受到大幅减薪的影响。在这个本来就已经因为第二次世界大战而一贫如洗的国家，这场危机立即引发了巨大的社会灾难。

1932年，经济历史学家汉斯·罗森伯格（Hans Rosenberg）指出，德国正处于名副其实的"危机神经症"中。这么说并不夸张。在1932年第一季度，就在罗森伯格写下这篇文章时，官方登记的失业人数不低于600万人，1933年1月和2月又再次达到这一人数。1932年一整年对于全社会来说都是一场灾难。

根据自由主义的观点，危机的严重程度和持续时长肯定会导致商品价格和薪金的大幅下降，因为商品和劳动力都供应过剩。实际上，市场上商品的价格和劳动者的工资确实都在下降，这是官方对工资标准的干预（布吕宁政府总共发布了四项紧急条例）、降低公共服务部门的工资和报酬以及减少收费和税收引起的，或者说因为这些原因而更加严重。总体而言，生产商品的价格水平下降了整整20%，垄断程度较低的消费品价格下降了大约30%，整体生活成本直至1932年下降了差不多22%。相较于生产规模的急剧萎缩，这一降幅算得上是非常温和的，至少在一定程度上缓和了薪资削减的影响。因此，实际工资购买力仅出现小幅下降（约6%）。然而，考虑到短时工作制下的薪资本就微薄，这6%的降幅仍具有显著影响。

相对较小的商品价格下跌幅度与自由主义的危机理念不符，因为按照这一理念，在危机中，商品价格和利率下降，从而在一定程度上为经济重新复苏创造了先决条件。但至少在1931年至1932年间，经济复苏的希望已经破灭。此前，这些迹象仍然可以相对清晰地朝着危机在"自我修复"的方向解读，这迫使我们要回顾一下危机的过程。社会产品在1928年仍然有所增长，然后在1929年收缩了5%。这一收缩过程在1930年放缓，社会生产总值仅下降4.2%，而且在1931年初，人们普遍认为最糟糕的时期已经过去，因为对外贸易数据在这段时间一直较好。对外贸易的下降速度明显慢于总体生产的下降速度，直至1931年前都算得上是经济的稳定器。

然而，1931年却完全出乎预料地成了可怕的一年。由于多种因素的连锁反应，奥地利的银行和金融系统在春季崩溃（奥地利信贷银行于1931年11月11日停止支付），这很快将德国的银行（尤其是达姆施塔特银行和国家银行）拖下了水。一系列的破产事件也引发了德国银行业的连锁反应，其中最著名的是已经提及的北德羊毛纺纱集团公司的破产。一方面，更多的外国资金撤离；另一方面，银行陷入了坏账的困境。1931年夏天，德国银行业面临崩溃，德国政府只能通过强制放假（1931年7月14日到8月9日）以及随后将银行部门部分地国有化才勉强避免了这一结果。

为了防止黄金和外汇外流，德国转向了资本流通管控，实际上就是转向了外汇管制经济，这再次引发了连锁反应。特别是美国贷款人，由于无法再将资金从德国转移出去，开始将眼光转向英国。压力重重的英格兰银行于 1931 年 9 月放弃了金本位制，使英镑贬值，从而推动了一场对全球经济造成严重打击的货币贬值竞赛。尽管直到 1931 年夏天，德国的对外贸易还一直是经济稳定器，但现在它已经成为名副其实的危机因素，这在很大程度上导致了当年的社会产品量下降了 12.1%，相对于前一年降了 200%。很明显，现在很难想象这场危机会"自愈"。尽管商品价格继续下跌，但由于金融和银行危机，1930 年降低贴现率的德意志银行不得不大幅提高利率，包括所谓的私人贴现率，该利率在 1931 年相较于 1930 年高出 50%。

这是这次危机的第二阶段，它在某种程度上出乎意料地不仅显著加剧了危机的程度，还让到那时为止对危机的意义和功能的重要认识都变得不再可信。1931 年秋天之后，国家必须等待危机"燃尽"，以便经济复苏的条件自行产生的观点不再具备说服力。最终是凯恩斯总结了这一点，形成了一套经济理论。他认为 1931 年的灾难是可以预见的，如果前几年采取更明智的财政和货币政策的话，这场灾难本可以避免。正如已经提及的那样，费利克斯·索马利在 20 世纪 20 年代中期就已经准确地指出了金融和银行危机升级的危险，由于国际债务问题尚未解

决，这场危机的升级几乎是不可避免的。无论如何，这并不是
这位苏黎世银行家在 1931 年春季和夏季凭空想到的，而是第一
次世界大战及其影响导致国际经济失衡的结果，当时这种经济
失衡几乎呈爆炸性发展。我们现在几乎可以肯定，如果没有这
些负面因素，20 世纪 20 年代末也许还是会出现一次全球经济
危机，除却其政治影响不论，危机的程度应该远没有那么严重。
因此，为了理解这次全球经济危机，我们必须研究一下它的结
构性前提条件。

## 德国经济危机的结构性前提条件

在更广泛的视角下来看战争的后果，我们可以划分出四个
对后来的全球经济危机至关重要的点。在第一次世界大战结束
时，全球经济效率丝毫没有被削弱，反而在战争过程中变得更
加强大。诸工业化大国未能充足地供应工业品，这促成了许多
国家进入全面工业化进程，比如西班牙、阿根廷或斯堪的纳维
亚等国家和地区。它们开始试图用国内生产取代工业品进口。
与战前相比，钢铁生产国的数量翻了一番。此外，几乎所有中
立国都开始发展自己的化学和染料工业。电气工程、精密机械
和光学等行业也出现了类似的趋势。1914 年之前，德国工业在
这些领域一直占据无可争议的主导地位。因为担心这些年轻的

产业可能会因德国工业重返世界市场而面临生存危险，1918 年之后，一些（部分新成立的）国家闭关锁国，以避开德国甚至来自全世界的竞争对手。

不仅曾经的敌人最初出于政治原因封闭了市场，而且大多数中立国，尤其是中欧和东南欧新成立的国家也都设立起高高的关税壁垒来保护各自的国内市场。此外，由于很大一部分世界市场因政治原因暂时完全缺席（苏联）或者正遭受严重的动荡并频发战争（中国、英属印度），1918 年后的国际竞争迅速加剧。总体而言，国际贸易因保护主义而明显失去了重要性和活力。尽管它在战后曾短暂地蓬勃发展，但在 20 世纪 20 年代初第一次重大经济危机中大幅衰落，后来缓慢恢复直至全球经济危机的爆发，从那时起直到第二次世界大战爆发都在不断下滑。对照 1914 年之前的数据，世界贸易增长率在 1918 年至 1939 年间减半。战间期的国际贸易从经济的驱动力和繁荣发展的引擎变成了一个抑制发展的因素。这对国际现金流产生重大影响，因为通过本国出口弥补外国债务变得越来越困难。因此，战争的结果是产能过剩和高保护性关税壁垒，并导致了竞争状况的恶化，这种形势在 1914 年之前是未曾有过的。

农业领域的情况与商业领域类似。农业在战间期就处于严重的结构性危机之中，并且遭受着农产品价格不断下跌或低迷的折磨。即使在像美国和德国这样高度发达的国家，平均仍有三分之一的劳动力受雇于农业，更不用说农业国家法国、意大利和西班牙。鉴于这一事实，这一领域的结构性问题在今天来看具有难以想象的重要性。交战国战争期间的生产损失或者说下降导致许多国家的产能增加，它们在 1918 年后进一步涌向世界市场。就此而言，澳大利亚、新西兰，以及阿根廷、加拿大和美国，在第一次世界大战期间都可以说是欧洲战争的受益者，并且它们在战争结束后还继续寻求维持各自在欧洲市场的地位。

因此，在 20 世纪 20 年代，国际农业市场供过于求，农业产品价格长期低迷，最终由于农产品生产者入不敷出使得整个经济结构无利可图。例如，德国农业无法利用严重通货膨胀的优势（在通货膨胀下可以牺牲债权人的利益为代价清除债务）。国内农产品价格太低，即使 1925 年恢复实施保护性关税也无法将其提高到生产者可承受的水平。最后，甚至连直接的补贴和市场干预（挤兑小麦、推广黑麦面包等）都无济于事，东部的黑麦大生产商事实上只能以低于成本的价格销售。在德国，与美国当时一样，农业结构对政治体系形成巨大压力。至少在德国，布吕宁政府在 1932 年倒台，就因为它未能安抚政治上有影响力的易北河东部的大规模农场。

世界货币体系是战争期间国际关系的第三大重要议题。金本位制在 1914 年只是被中止，并没被废除。1922 年，人们普遍同意将修改后的金本位制作为世界货币制度。美国作为战争中唯一的财政获利者，在1918年后很快恢复了战前的金平价，紧接着是英国，同样也回到了战前的金平价。法国在20世纪20年代中期恢复了战前货币，尽管汇率较低。遵照道威斯计划的要求，德国在通货膨胀结束后也接受了战前平价，恢复了金本位制。随后，英镑和德国马克的价值被略微高估，这使出口更加困难，并且国内经济也在限制性货币政策之下挣扎。

因此，就其在货币体系中的地位以及黄金和外汇储备的积累而言，英国和德国这两个国家在两次世界大战期间都是输家，而美国、法国甚至日本的经济发展速度要快得多。英国被迫以牺牲国内经济和社会和谐为代价，通过高利率和国家通缩政策来捍卫金平价，这仅仅是因为人们寄朦胧的希望于依靠南非发现的大量黄金，以使英国摆脱黄金短缺的绞索。战后，德国无法获得殖民地的黄金，只能通过输入外资来解决其国际收支问题，但整体上就像英国一样，不得不在高利率的压力和预算限制的威胁下呻吟。

英国坚守金本位制，认为只有通过这种方式才能保持其战前在世界经济中的传统（主导）地位，并维护伦敦作为世界金融中心的地位。在赔款义务的框架内，德国别无选择。相反，美国和法国受益于金本位制，逐渐积累了大量黄金储备，却不愿支持这一国际金融体系，反而是出于孤立主义或政治上的原因，它们倾向于利用自己的货币地位作为工具：纽约对抗伦敦，巴黎对抗柏林。

　　两次世界大战之间的第四个重大议题源于《巴黎和约》、战后赔偿调整，以及与战前相比完全不同的债权债务关系。美国作为协约国的战略物资主要供应国，不仅摆脱了战前的债务，还成了世界上最大的债权人，其中最主要的是盟国间的债务，即美国的欧洲盟友在战争中的支付义务。英国和法国则处于中间地位。为了资助战争，它们不得不调动部分国外资产，因而在美国负债累累。随着战争的结束，另一部分国外资产（如在俄罗斯的）丢失，使两国的战前债权地位明显削弱。另一方面，战后赔偿调整使它们相对于德国处于有利地位，因为德国最终被迫承担了1320亿金马克的赔款责任，其中约一半分配给法国，四分之一分配给英国（其余分配给其他合法的索赔国家）。

　　最后，德国的情况与1914年之前截然相反。1918年，德国失去了所有的海外财产，无论是私有财产还是国有财产。此外，该国还被迫承担了约等于当时GDP 300%的赔偿债务，按规定要通过年度支付和实物交付来偿还。人们很快发现，这种赔款要求在各个方面都是问题重重。一方面，德国不愿承认这些债务；另一方面，收回这些债务极其困难。各国不想接受实物交付。法国公司很早就开始抗议德国交付物品。用贬值的德国货币支付赔款更是毫无意义，德国必须通过出口才能赚取外汇，可是德国又被视为有害的竞争对手，让德国发展出口贸易与人们的本意背道而驰。所以从法国的角度来看，重新调整德国经济的结构比较合适。在和平谈判中作为英国代表团一员旁听的凯恩斯很早就看出并批评了赔偿政策在执行方面的这些矛盾。然而，他的批评主要在公众中得到了支持，却没有在谈判桌上被听取。

由于法国同时依赖德国赔款来平衡其国内预算，因此它首先推行了"生产性抵押"（produktiven Pfänder）政策，结果导致两国相互怨恨，此外还导致法、英两国疏远，因为英国不希望看到德国经济破产。最终，在美国的压力下，通过道威斯计划（1924年）和后来的杨格计划（1929年）进行了调整，规定德国一开始支付约25亿金马克的"可承受"款项，随后每年的支付额将下降。此外，德国的国家预算和财政政策被置于国际社会的监控之下，但国际资本市场的道路自此向德国开放。因此，收支赤字，后来还包括国家预算赤字，都由德国政府甚至还由私营经济体通过获取外国资本来弥补，从而让德国进一步陷入严重的经济结构问题。后来在全球经济危机期间，由于外国债权人撤走他们的资本，但赔款义务在当时仍然存在，这一问题继续升级。在这种态势下，布吕宁想通过极端的通缩政策来表明，即使德国有意愿赔款，也没有偿付能力。1931年的胡佛禁令和1932年的洛桑会议证实了他是对的，但他在洛桑会议期间已经不再任职。

另一部分赔款是美国坚持要求偿还的盟国之间的债务，英国巴不得在赔偿问题上妥协，而法国本来就不想还。因此，赔偿调整导致了一场持续到 1932 年的"经济战争"。本来美国只要出手就能解决问题，但在 20 世纪 20 年代，它出于两方面的考虑拒绝了参与这场游戏。一方面，美国坚持相对较高的关税保护壁垒，从而阻碍了欧洲国家在与美国的对外贸易中赚到它们偿还债务所需的外汇。另一方面，至少在 1927 年之前，美国资本一直涌向欧洲，以便在短期内从高利率和其他投资机会中受益。欧洲人，尤其是德国人，以这种方式在美国借钱来履行支付义务。

这些债务的积累使欧洲银行系统极易陷入危机，费利克斯·索马利曾不厌其烦地一再指出这一点。

这四大战后议题决定了战间期的经济发展面貌。它们并没有脱离经济周期的规律，而是影响了经济周期的波动幅度，并定义了政治行动的可能性和限度。它们构成了一个难以看透且相互矛盾的行动框架，任何国家政府都不能忽视它，而必须以它为前提。总的来说，至少在经济层面上，这些因素更多地表现为限制性的影响，尽管全球经济数据在 1924 年至 1929 年的"黄金二十年代"有所稳定，但是现金和资本流动仍然极端失衡。

魏玛共和国时期的德国经济必须应对这些情况，这意味着要彻底改变其战前的发展条件。德国在 1914 年之前是除了美国之外最具活力的经济体，但如今很难进入最重要的世界市场。

全球产能过剩，特别是农业收益被压低，利润下降。负的贸易收支导致提供短期资金的外债不断积累起来，这必然构成未来发展的重大不利因素。费利克斯·索马利清楚地看到了这一点。

"是什么将我们推入危机？是大量无法履行的义务，"索马利于1930在总结他早期发表的文章时说道，"欧洲国家被要求还清美国的债务，由于没有人知道从长远来看如何实现这一点，所以要求德国承担全部金额作为赔款义务。还清赔款的不可能性被短期贷款制度所掩盖，而这些短期贷款的发放规模远超财务合理的范围。为了获得这些贷款，债务国的工业和农业必须承担它们永远无法偿还的利息。"[1]

除了这些负担之外，当时还有其他内生性问题也影响了世界经济危机之前的发展，并对各国政府的行动能力造成了重大限制。自1923年至1924年以来，德国再次回归1920年被通货膨胀经济驱动的国际经济发展周期。由于采取限制性的国内财政政策，早期恢复金本位制的国家在战后几年经历了严重的经济衰退，并伴随着较高的失业率。而德国经济却飞速发展，一方面因为通货膨胀的刺激作用，另一方面是因为在很长一段时间内，马克的对外价值下降得比国内价值快。这导致了越来越多的投机、舞弊和欺诈行为，但也对投资的快速扩张起到了

---

[1]　费利克斯·索马利（1932年），《危机的危险——1930年1月在海德堡大学举办的讲座》，收录于《危机的起因》，图宾根，第46页。

重要作用，因为许多公司将利润进行再投资以避免更大的价值损失，或通过借贷收购公司以扩大或优化现有结构。就此而言，成本问题，甚至自 1920 年的埃尔茨伯格税制改革以来大幅提高的税率，都仅仅造成了次要的影响。

至少在 1922 年之前，德国市场处于充分就业状态，且投资热情高涨。直到 1922 年夏天，围绕赔偿问题的冲突加剧，才导致德国货币的对外价值逐渐崩溃。在法国和比利时于 1923 年 1 月占领鲁尔区后，这种崩溃最终演变成了明显的、急剧的通货膨胀。1923 年夏天，德国货币变得毫无价值。1923 年秋，尤其是美国银行代表参与商定了德国重返国际资本市场的条件以后，通货膨胀因为一次激进的货币改革而终止。1 万亿马克的纸币变成了一个地产抵押马克（Rentenmark）——这一壮举成功了。1924 年 1 月 1 日生效的道威斯计划根据德国现有的、由国际监督的偿付能力，对赔偿金的支付进行了调整。1924 年夏天，德国启用德国马克（1924 年 7 月 15 日的《铸币法》）。

作为回报，德国重新进入国际资本市场，主要是对寻求投资机会的美国资本敞开了大门（吉尔伯特·齐布拉，Gilbert Ziebura）。于是美国资本迅速涌入德国，这使得德国在经历了 1924 年的调整危机后缓慢复苏。德国的对外贸易也在 1924 年后显著增加。根据沃尔特·霍夫曼（Walter Hoffmann）的数据，德国经济在 1926 年再次达到了战前水平，甚至在 1929 年超过了战前水平的三分之一（以当时的价格衡量）。但是德国的结算表通常都是负的，因为进口同样很多，而且赔款义务导致资本年复一年地大量外流。因此，这实际上是 20 世纪 20 年代中期借助涌入的资本和所谓的出口成功而实现的虚假繁荣。

表 1：1924—1932 年的德国结算表（以 100 万德国马克为单位）[①]

| | 出口（不算赔偿） | 赔偿 | 结算余额 | 长期净借贷 | 道威斯和杨格债券 | 国内生产总值 |
|---|---|---|---|---|---|---|
| 1924 | | 281 | −1.664 | 1.000 | 281 | |
| 1925 | 10.257 | 1.057 | −3.710 | 1.124 | 519 | 71.151 |
| 1926 | 11.519 | 1.191 | −763 | 1.376 | | 73.830 |
| 1927 | 12.211 | 1.584 | −5.028 | 1.765 | | 83.166 |
| 1928 | 13.806 | 1.990 | −4.030 | 1.698 | | 89.049 |
| 1929 | 15.282 | 2.337 | −3.476 | 414 | | 89.248 |
| 1930 | 13.709 | 1.706 | −1.317 | 805 | 1470 | 82.935 |
| 1931 | 11.156 | 988 | 647 | −85 | | 69.153 |
| 1932 | 7.197 | 160 | 257 | 14 | | 56.444 |

　　通货膨胀带来的经济繁荣从一定角度来讲对德国经济造成了损害。尽管该国能够在没有发生经济衰退从而没有任何重大社会负担的情况下克服战后时期的经济问题，但通货膨胀造成的投资热潮导致部分行业出现了明显的产能过剩，并且使得

---

① 阿尔布雷希特·里特施尔（Ritschl, 2013），《赔偿、赤字和债务违约：德国的大萧条》，第 115 页。

企业的成本结构严重扭曲。在通货膨胀的那几年，重要的企业经营指标难以控制。在 1923—1924 年的货币改革过程中，首先是工资水平被固定在大大高于生产力（以 1913 年为基准）的水平。虽然出于社会方面的原因，这是可以理解的，但这在后来几年里给大量公司带来了压力，使它们完全陷入了低产能利用率和高工资成本的钳制之中。克努特·博沙尔特（Knut Borchardt）20 世纪 80 年代的《魏玛共和国的病态经济》一文总结了这些问题（见第四章）。

自 1925 年初以来，由化学家卡尔·杜伊斯伯格（Carl Duisberg）领导的德意志工业联合会（Reichsverband der Deutschen Industrie）对面临的情况非常不满意。事实上，在整个 20 世纪 20 年代和 30 年代初，这些公司都处于艰难的境地。不断增加的成本与不断下降或减小的利润空间（产品价格下跌、销售疲软）以及不断加剧的国内外市场的竞争形成鲜明对比。通货膨胀期产生的部分极大的产能利用不足，进一步增加了平均生产成本，并进一步降低了利润率。因此，公众对大幅减税、去官僚化和促进对外贸易的呼吁确实有其现实背景，而德国在 20 世纪 20 年代由于社会政策的原因最终未能响应这些呼吁。

然而，魏玛共和国政府（1919—1920 年由社会民主主义者领导，1921—1927 资产阶级少数党掌握内阁，1928—1930 年由社会民主党人领导）实际上几乎没有采取行动的空间，它们的议会基础太脆弱，无法实施变革。只有社会民主党总理赫尔曼·穆勒（Hermann Müller，1928—1930）领导下的大联合政府能够采取行动，事实上，该政府确实计划了一项重大的税收改革和德国官僚体系改革（以国家领土重组的形式），但这两个项目都未能实施。相反，鉴于1929年底可预见的预算赤字，该政府面临着通过增税、增加收费或限制福利来弥补赤字的问题，因为再也无法通过借债来平衡国家预算了。

最终，1930年初，魏玛共和国最后一届议会政府在失业保险金的缴纳问题上分裂，该政府早就是以库尔特·冯·施莱歇尔（Kurt von Schleicher）和共和国总统兴登堡（Hindenburg）为核心的德意志民族主义者团体的眼中钉。关于失业保险金缴纳的争议为将社会党和民主党排挤出政府提供了一个很好的机会。在历史研究文献中，关于这段联合政府分裂的历史一直存在很多争议，但可以肯定的是，工业界大部分人对该联合政府的结束并没有什么遗憾，因为相比一个依赖议会，尤其是依赖社会民主党的政府，海因里希·布吕宁（Heinrich Brüning）领导的政府更有可能回应工业界对于精简国家机构和减少社会政策的要求。

对于工业界来说，20世纪20年代的议会构成意味着他们只能指望通过国家措施减轻少许的压力，主要还是得靠自己解决问题。这绝非易事。这些公司普遍采用的策略最初主要是降低成本和调整措施，尤其是在工资和工作时间方面。然而，由于现行的集体劳动法的固定法律条例、劳工运动的势力以及政府的税务和社会政策，不可能从根本上解决工作条件和工作时间的问题。虽然公司方做出了适当的让步，例如在工作时间的问题上，然而劳工方在增加工资的问题上无法如愿。劳动法和其中所体现的国家调节作用阻止了公司利用当时的经济结构问题，特别是长期失业率高的问题，来显著降低工资。

对于这些公司来说，这背后的关系是显而易见的：魏玛共和国最终保护了一个危及公司生存的工资决定体系。从那时起，至少来自结构薄弱行业的那些企业容易滋生反政府情绪。更重要的是，企业方面将19世纪20年代明显的投资疲软归因于国家制定的经济和金融政策，认为其阻碍了自有资本的积累，这不无道理。这一论点并非凭空捏造，然而从本来就存在的严重产能过剩或部分的低产能利用率的角度来看，企业有更高的利润率是否真的会刺激投资活动，这一点尚有疑问。

除了集体劳动法带来的负担外，战争赔款也要由外贸税、强制性债券和高税率等形式来筹集。然而，赔款负担不仅反映在这些数字上。鉴于结算账户为负，支付赔款所需的外汇仅仅通过出口无法获得。在这种情况下，接受外国贷款是阻力最小的手段，即使强制借入外资使得国内利率不得不保持在让众公司很恼火的高水平。这种情况能在不需要进一步削减公共预算的情况下使公司获得资金，让公共部门弥补赤字并支付赔款。因此，只要经济还在运行，并且政府支出不过多扩大，就可以通过借入外资来维持生计。尽管德意志工业联合会不厌其烦地指出，因为结算账户赤字，整个工业体系的根基极不稳固，无法支付外债产生的利息。

在这些条件下，工业界最终尽可能坚持内部成本削减和调整方案。随后几年的投资与其说是用于建设生产能力，不如说是在精简生产流程和降低成本。然而，这些措施往往会产生矛盾的效果，即虽然帮助了个别公司，却在整体上加剧了产能问题——因为新工厂通常比旧工厂更有生产力。许多公司也看到了这一点，因此它们一直在清除产能，主要是关闭了那些不能盈利的工厂。

精简运动的展开伴随着公司的合并和站点的关闭，这是让失业率保持在相对较高的水平的重要原因，但这些措施并没有立即得到具体的回报。例如，在鲁尔矿业部门，许多矿地停工，其他矿井被整合为开采重点，但并没有因此纾解行业的结构性困境。从公司的角度来看，这是一个生存问题，但在工人阶级的激进左翼组织眼中，这是对基本生活条件的严重破坏，是自上而下的阶级斗争。而公司结构的重组往往与同时代的大规模公司合并有关，最引人注目的两个案例是1925—1926年染料工业利益集团（IG Farbenindustrie AG）和联合钢铁集团

（Vereinigte Stahlwerke）的形成，这在大部分公众心中造成了经济日益被垄断的印象。最终，大型垄断公司的总部成为政治权力的集中点。

由于经济形势严峻，公众的情绪相当糟糕。在 1927 年和 1928 年，经济状况在一定程度上还是可以忍受的，但存在着重大的地区和行业差异。例如，化学和电气工业能够在战前的成功基础上发展，采矿业和钢铁业却面临产能过剩的问题并承受着沉重的价格压力。农业基本上无利可图，再次陷入债务的泥沼。随着 1929 年全球经济危机的最初迹象显现，最后一丝乐观情绪也烟消云散。于是冲突显著加剧，尤其是政府和工业界之间的冲突。这一方面是由于经济增长速度放缓，另一方面是由于政府承诺的重大金融改革姗姗来迟，更是由于大规模的支出计划让德国的预算出现了赤字（1929 年底德国的现金赤字为 17 亿马克）。这一赤字长期来看无法再通过短期借款（现金贷款）弥补。1930 年初，因为对是否可以通过严格削减开支或增加税收和缴费来寻找出路的问题存在不同意见，总理赫尔曼·穆勒领导的大联合政府瓦解。

取代穆勒的是以德国总统保罗·冯·兴登堡为核心的保守派群体的理想候选人、中央党政治家海因里希·布吕宁。他最初还试图延续中央党、德国人民党（DVP）、德国民主党（DDP）和社会民主党（SPD）之前的联合政府，然而社会民主党很快便拒绝支持布鲁宁的紧缩政策，导致 1930 年 9 月在不利形势下举行新的大选。此次选举中，国家社会主义工人党 (NSDAP) 成为主要受益者，共产党 (KPD) 所得席位增幅相对较小。至此，布鲁宁政府失去了议会多数支持，只能依靠《魏玛宪法》第 48 条赋予总统的紧急法令权力来维持执政。

就算社会民主党没有在德国议会上拒绝分别由纳粹党或共产党提出的废除紧急法令的动议，也没有多大用处。布吕宁以这种方式坚持执政，并在危机中决定了德国主要的经济政策，直到 1932 年初春，兴登堡在东易北河农业游说团的压力下放弃了他。对于大部分工业界人士来说，这个局势最初是很有希望的，至少直到 1931 年夏天，他们都信任布吕宁，他坚持储蓄、精简国家机构、规范工资和社会政策的意愿似乎很有前途。很大程度上也是因为他的行动相对而言比较自由，不那么受到议会的束缚。德国工业联合会主席卡尔·杜伊斯伯格直到 1931 年 9 月离职之前一直是布吕宁最忠实的盟友之一，尽管大部分重工业界人士对他的方案不满意，认为他做得还不够彻底。

## 布吕宁政府和全球经济危机

在 1930 年 3 月，政治家海因里希·布吕宁成为德国政府的领导人，他不再依据议会多数，而是依据德国总统的意愿，凭借《魏玛宪法》第48条通过紧急法令进行统治。布吕宁以废除赔偿制度并为复辟君主制创造条件为目标，充分利用紧急法令这一手段，以显示即使采取极端节俭的措施，德国也不可能履行赔款义务。在这方面，用魏玛共和国的术语来说，布吕宁可以说是一位近乎激进的政策履行者，他试图通过内部贬值，即降低工资、薪水、费用和税收，来履行政策，就此而言，这一政策满足了某些工业部门的期望。与此同时，这一策略必须（因为在金本位制度框架内不可能实施正式的货币贬值）显著提高德国工业的竞争力。

直到1931年国际货币和金融体系崩溃之前，这一政策都比较成功。在危机期间，德国再次实现了巨大的对外贸易顺差。总体而言，对外贸易证明了自己是经济形势的稳定器，尽管自1931年春季以来，外部一直存在对德国政策的批评，认为该政策是试图通过紧缩政策转嫁德国的失业问题。布吕宁在1931年7月和12月以及1931年10月和12月多次试图通过紧急法令来实现其经济和财政目标，然而随着金本位制度的终结和贸易保护主义竞赛的开始，布吕宁政策成功的决定性条件消失了，此后在1931年秋季的紧急法令几乎是绝望的挣扎。

在此之前，布吕宁的行动有着相对稳固的政治基础，1931年春天的振奋气氛也证明了他是对的。作为一个极端禁欲的人，他领导的政府其核心措施是减少国家开支和平衡国家预算，这首先要通过降低公务员的工资、养老金和福利津贴，以及大幅削减公共开支或增加税收（例如失业保险金）来实现。尽管财政整顿取得的成效有限，但布吕宁希望借此让坚持赔款的人也能看清德国不可能支付全部赔款这一事实。

在工业界，至少以卡尔·杜伊斯伯格为核心的德国工业联合会的高层，都支持布吕宁的政策，因为这个政策似乎终于摆脱了 20 世纪 20 年代的议会僵局。所谓僵局是指当时的预算、税务和金融政策都不可能做出任何改变。对于化工等出口导向型行业来说，布吕宁的内部贬值政策确实是一种刺激方案，尤其是因为他在后来的紧急法令中也毫不避讳地干预工资和劳动条件的协商。无论如何，在全球经济危机期间，公司的工资成本负担确实得益于布吕宁的措施而有所减轻，因此最终采矿业和重工业也希望一旦经济全面复苏，它们的境况就能迅速改善。

然而，对于重工业来说，降低成本的速度还不够快，尤其是布吕宁不准备将重工业从"工资束缚"中解放出来（贝恩德·韦斯布劳，Bernd Weisbrod）。与化学和电气工业不同，鲁尔区工业界人士继续猛烈批评政府的政策。不过，主基调并不来自鲁尔区工业。1930 年秋天，大的贸易协会和德国总工会（ADGB）就战胜经济危机的共同立场进行了谈判，但已经起草好的最终宣言由于工会的抵制而未能通过。工会担心，如果对工业界的要求过度让步（尽管是"软"条款），工资制度将会被削弱，而这种担心并非毫无道理。

1930年底，德国工业联合会主席杜伊斯伯格提出了六点作为"重建"的前提条件。其中，对这位染料工业利益集团（IG Farben）的监事会主席来说，减少公共支出、促进出口、降低自身成本、重整农业和修订赔款制度是至关重要的，最终形成了一场反对"躺平"的全面斗争。这些要求本质上是要通过削减成本和减少官僚主义来提高德国经济的竞争力，同时减少债务制度的影响。到1931年初，人们相信这个目标已经实现，尤其是因为布吕宁似乎也在朝着这个方向迈进。

虽然国际贸易的减少令人担忧，而且仍然存在的赔款义务给德国的财务状况带来了很大的压力，但未来似乎在变好。至少德国工业联合会的高层相对乐观，他们相信计划中的德国——奥地利关税同盟将创造如杜伊斯伯格所说的"欧洲关税壁垒的第一个突破口"，并为欧洲和全世界重建贸易自由的道路。当然，法国对此持有完全不同的看法，它认为这是德国恢复世界霸权的一步。因此，在奥地利最大的银行倒闭后，法国利用从奥地利外逃的资本，于1931年夏天又利用从德国外逃的资本，迫使其放弃关税同盟。虽然德国政府鉴于金融市场的形势最终也宣告放弃关税同盟，但这已经无法阻止德国银行业的崩溃。

这对德国经济状况造成的影响是极其严重的，因为金融系统崩溃的同时，货币供应量在减少，利率飙升，工业界几乎无法获得贷款。外贸的暴跌令人恐慌，于是在 1931 年底至 1932 年初的冬季，国民经济的产出急剧下降，失业率再次上升。1931 年夏季，在受危机严重打击的鲁尔工业区，人们发声要求政府除了继续整顿财政外，还要提供有针对性的经济支持。然而，布吕宁拒绝了这一要求，指出这样做可能会带来通货膨胀的风险。

对于这位德国总理来说，严格的紧缩政策仍然是一种有效手段，可以将在他看来过度膨胀的经济缩减到健康的状态，特别是可以同时摆脱赔款义务并推动必要的德国改革。如果放弃紧缩政策，这些改革可能不会显得那么紧迫。反周期性的经济政策在工业界备受争议，德国工业联合会始终认为刺激经济类的措施只是附带内容，而真正的要求是降低税收和收费，以及限制工资自治权。然而，德国工业联合会和德国政府的联盟还是在 1931 年夏季破裂了。卡尔·杜伊斯伯格和路德维希·卡斯特尔（Ludwig Kastl）领导下的德国工业联合会之所以没有公开与布吕宁划清界限，仅仅是因为当时找不到合适的继任者。

1931 年初秋，布吕宁因其严格的紧缩政策而相对被孤立，他对当时的经济和金融灾难不再能给出真正有效的应对之策，只能寄希望于紧缩政策在某个时刻能取得成功。然而，这一时刻何时到来几乎无法预测，更何况，此前取得的初步成果——1931 年 6 月通过的胡佛缓债令暂停赔款支付一年，以及 1931

年8月达成的《债务冻结协议》使德国私营债权人同意暂缓偿债——都因法国的谈判拖延而几乎没有获得任何实质性的效果，导致德国私人债权人也同意暂停一年的赔偿。尽管紧缩政策在工业界和经济学界这些重要领域仍然有支持者，但他们并不占多数，甚至社会民主党在议会中对于布吕宁的容忍也已岌岌可危。甚至可以说，布吕宁在1931年10月能顺利组建第二届内阁完全依赖于德国总统的慈悲，以及他在受到质疑时以解散议会来施压。

　　在这种情况下，布吕宁之所以能够一直坚持到次年初夏，是因为无论在人员上还是在政策上都没有谁能替代他。此外，一旦他离职，新的选举可能马上就会举行，纳粹党就有可能再度崛起，这必然会对德国在结束赔款制度的谈判以及在世界金融市场上的地位带来灾难性的影响。布吕宁试图通过继续削减国家支出以及调整工资结构来继续推行紧缩政策，但是这些措施对于工业来说要么来得太迟，要么在工资政策问题上做得不够彻底。所以，当他在1931年10月组建新内阁时，所有知名的工业家都拒绝了接受他的邀请担任职务的请求。

　　1932年初夏，就在洛桑宣布结束赔款前几天，布吕宁倒台了，原因有许多：他失去了来自商界的支持，国内的社会状况也呈现灾难性的态势。此外，他和他唯一的支持者——德国总统（尽管布吕宁曾在1932年春季竭力支持兴登堡的连任）也产生了很大的矛盾，因为原本用于支持东部过度负债的农场的项目要为了支持小农场主而做出改变，再加上兴登堡因为自己只能依靠社会民主党的支持才能再次当选而对布吕宁心怀不满。从这一点来说，最终起决定作用的是总统的立场，他拒绝了布吕宁使用紧急法令的请求，从而迫使他辞职。

布吕宁孤立无援，尽管他后来坚持认为自己"被阻拦于百米终点前"是对的：1932 年夏季，德国已经度过了危机的低谷，赔款问题也即将得到解决。

如果当时兴登堡继续支持布吕宁，谁知道后来德国会发生什么呢。但历史没有如果。

布吕宁被中央党政治家弗朗茨·冯·帕彭（Franz von Papen）取代，后者愿意迎合兴登堡对"民族团结"政府的构想，但最终两人彻底翻了船。尽管帕彭在短暂的执政期间（从 1932 年 6 月到 12 月）通过几项紧急法令限制了工资制度，并制定了一项适度的经济刺激计划，但这位在 1932 年 6 月退出中央党、来自威斯特法伦地区的自由贵族所领导的政府在经济和社会政策方面影响甚微。"民族团结"政府才是通向摧毁魏玛宪法的重要一步，这个政府实际上是克尔特·冯·施莱谢尔在幕后操纵的，他在 1932 年 12 月至 1933 年 1 月之间还曾短暂担任过德国总理。最初人们猜测会得到纳粹党的容忍，但纳粹党在 1932 年 7 月的选举中大胜之后，并没有提起这件事，所以人们最终决定通过宪法修正案来削弱议会对政府的影响。

帕彭在 1932 年 9 月的国会中遭遇了惨败，到了 1932 年 11 月举行的新选举中，纳粹党不得不承受明显的损失。新任的德国总理施莱谢尔试图通过扩大政府的社会基础和采取初步的积极的经济振兴政策来打破过去的僵局，却只得到了兴登堡半敷衍的支持。

（失业率，%）

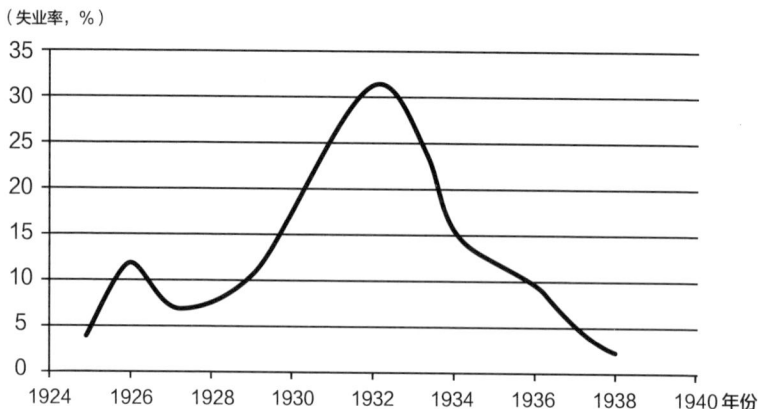

图 2：1925—1938 年德国失业率的发展变化 [1]

最终，兴登堡于 1933 年 1 月底任命了希特勒为德国总理。

---

① 阿尔布雷希特·里特施尔（2013），《赔款、赤字和债务违约：德国的大萧条》。见尼古拉斯·克拉夫茨（Nicholas Crafts）、彼得·费伦（Peter Fearon）编：《20 世纪 30 年代的大萧条：今天的教训》，牛津大学出版社，第 110—139 页。

希特勒最初延续了其前任政府开始的"经济振兴政策"（旨在促进就业的第一个、第二个莱因哈特计划），但很快就将国家活动引导向军备方向。在接下来的几年里，希特勒通过发展军备在一定程度上实现了一项大型的、通过信贷提供资金的经济振兴计划，使人们相对迅速地忘记了本来已经基本摆脱的世界经济危机。这种所谓的"经济奇迹"的特点及其对经济发展的意义备受争议。然而可以确定的是，1933年之后的复苏是以严重的经济结构扭曲为代价的，而且基本上忽略了工人阶级的物质需求——这是一个高昂的代价，特别是考虑到这直接引发了战争。之所以说这是高昂的代价，还因为在1932年夏季德国其实已经度过了危机的低谷，复苏原本就在眼前。

## 回顾：全球经济危机在德国

1929年及其后几年的全球经济危机起初是一次"正常"的经济衰退，由美国股市泡沫破裂引发，并伴随着因此导致的需求收缩、商品价格下跌和失业率上升。鉴于德国危机前的局势，转向紧缩政策和通过提升竞争力、减少特殊负担（赔款）来应对危机是顺理成章的。最初几个月，对这种政策的反对也并不是很明显，由于找不到替代方案，社会民主党容忍了总统内阁的做法。因为1930年9月的选举表明，经济危机的加剧为从根本上否定共和体制的左右翼极端团体提供可乘之机。

然而，1931年初燃起的结束危机的希望随着奥地利银行危机的爆发烟消云散，因为法国拒绝在没有政治让步（例如放弃关税同盟等）的情况下支持因债务和低自有资本比率而摇摇欲坠的德国金融体系，该危机迅速蔓延到德国。北德羊毛纺纱集团公司和达纳特银行的倒闭使整个德国银行系统崩溃，国际资本匆忙撤离，德国转而实行外汇管制。错综复杂的战后问题到现在才充分暴露出来，在几周内严重影响了整个世界经济体系，击垮了金本位制，并导致国际贸易崩溃。至此，当局终于开始采取行动，通过胡佛缓债令暂停了赔款支付，并在接下来的几年里通过洛桑会议将其完全废除。

如果观察布吕宁可选择的行动，我们可以很明显地看出，他在金本位和赔款负债的条件下别无选择，只能通过严格的节约政策改善德国工业的国际竞争力。即使尽最大的努力，德国也无法履行杨格计划。在1926年的危机期间，德国曾短暂地实施过受凯恩斯主义启发制定的经济政策，结果导致之后长期收支不平衡。如果是在1929年以后，这种不平衡会更加难以忍受，只能通过增加税收和收费或者通过增加债务来获得资金，但这样做遭到了工业界的坚决反对。而我们从1929年以来德国在收支平衡方面遇到的问题中可以看出，增加债务无论是在国内还是在国外都很难实施。此外，这样做也会带来更高的利率水平，鉴于资本供给本来就存在短缺，对经济造成的影响可能是灾难性的。因此，只剩下一种选择，即向德国银行借贷，但只能通过非法途径实现，而布吕宁不愿付诸行动。而且，在现行的赔款规定下，债权人是否会无条件地同意放款也存在疑问。

## 第二节 危机在英国

### 在英国及其联邦逐步发展的危机

危机在英国的发展过程相对于在德国和美国具有特殊性。在德国和美国，经济在短短几年内收缩了大约三分之一，而英国的经济产出仅在 1931 年略微下降了五个多百分点，实际工资在 1931 年底至 1932 年初甚至略微上升（见附录中的表 8）。正因为如此，人们甚至讨论过英国是否发生过我们所说的全球经济危机。这一观点最初是在 20 世纪 60 年代末由德里克·奥尔德克罗夫特（Derek Aldcroft）提出的，并在 20 世纪 70 年代后期由约翰·史蒂文森（John Stevenson）和克里斯·库克（Chris Cook）进一步深化。尽管在他们 1977 年的著作《萧条》（*The Slump*）（后来以"大萧条时期的英国"为标题重新修订出版）中，并没有否认某些地区确实面临着大量的问题和严重的失业，而对于有工作的人来说，在战间期的生活水平确实有所改善。

英国的社会历史学家在 20 世纪 80 年代严厉批评了这种对危机的"淡化"。事实上，这次危机极其严重地影响了英国的底层阶级——在英国也出现了饥饿游行和社会动荡。在 20 世纪 80 年代的讨论中，之所以重点讨论了煤矿、钢铁、纺织或造船等传统行业中的严重失业率，也是因为这些行业在玛格丽特·撒切尔（Margaret Thatchers）领导的政府（1979—1990 年）时期再次成为焦点，并最终遭遇了残酷的清算。这导致了严重的社会冲突，动摇了英国社会。对世界经济危机的解释因此也与在英国围绕着相对"工业衰退"这一话题的辩论息息相关，相关的辩论在 20 世纪 80 年代和 90 年代尤为激烈，随着资本主义在金融市场取得暂时的成功才逐渐平息。

## 第一次世界大战后的英国经济发展

众所周知，英国是"第一个工业国家"（彼得·马西亚斯，Peter Mathias），并自 18 世纪中叶以来一直经历着持续的工业增长。在此期间，关键行业最初是纺织工业（以英格兰的西北部和中部地区为中心），通过机械化和创新的劳动组织形式，英国当时的纺织业比世界其他地方拥有明显的生产力优势。从 19 世纪 20 年代开始，交通基础设施（运河、铁路）的扩建对工业产生了积极影响，受益较多的有采矿业、钢铁和机械制造业。不出意外，对于像英国这样的海上强国，船舶建造也很快成为核心领域。果不其然，19世纪下半叶，英国的船舶建造行业相比竞争对手具备了明显的优势。

然而，自从19世纪70年代以来，英国资本主义的结构开始发生变化。一方面，工业增长率下降，英国逐渐失去了其作为"世界技术导师"的地位。另一方面，金融服务业的规模增长速度超过了任何工业部门。之所以说这对于英国十分重要，也是因为英国的进口持续高于出口，来自资本账户和贷款的收入以及外国市场的投资收益，都极大地帮助了英国弥补其持续的贸易逆差，甚至还能实现资本顺差。

这些金融交易的一个重要特征是它们的全球化程度很高。虽然如今发达国家主要还是投资于发达国家，但那时候英国的"绅士资本主义①"的影响几乎遍布全球，这不仅是因为人们对全球经济发展抱有希望，还因为人们过分低估了这种投资的风险。尽管美国在19世纪到20世纪之交超过了英国，成了最大的经济体，但在考虑到人口规模比例的情况下，英国直到第一次世界大战时仍然是地球上工业生产力最强、最富有的国家。

———————————

① 19世纪英国特有的资本主义模式，结合绅士文化、全球投资和殖民扩张，强调自由市场与道德责任，并利用其经济地位和殖民地影响力在全球范围内进行金融活动。

此外，英国还拥有众多的殖民地，无论从哪方面来说，都是一个世界大国。

与法国、比利时或波兰这些在战争中受受影响最为严重的国家相比，第一次世界大战对英国的经济实质影响不大，只是不得不将全球的许多市场让给了美国，特别是拉丁美洲和亚洲的市场。不过，战后英国经济并非迅速复苏。起初，英国因卷入了1919年底1920年初由战时通货膨胀引发的经济繁荣，看似一片向好；然而随着这一繁荣泡沫的破裂，经济也陷入低迷。这场繁荣正是前面提到的随后出现的国际危机消退的前奏。危机对英国的打击非常严重。1921年，英国的经济产出下降了超过20%，这明显比大萧条时期严重得多。此外，战后的繁荣与危机也对英国经济产生了长期影响。例如，在繁荣时期，因为世界贸易将持续增长的预期，船舶吨位得到了大幅提升，这导致接下来的几年里整个英国出现了巨大的过剩产能。对于位于泰晤士河、默西河和克莱德河畔的英国船舶制造业来说，20世纪20年代战后的繁荣导致了市场需求的持续低迷。

20世纪20年代，特别是那些在19世纪曾经是英国经济骄傲的行业已经出现了巨大的问题。除了造船业外，受波及的行业主要是纺织业，它资本结构的日益陈旧，且承受着主要来自亚洲的、日益增强的国际竞争压力。矿业则面临着地质恶化、企业规模小以及权力分散等问题。这些行业曾经是英国最重要的出口产业之一，却在 20 世纪 20 年代成了当时的大难题，对政治也产生了重大影响。

1925 年 4 月恢复英镑对黄金的可兑换性使得这些问题进一步加剧，这是 20 世纪 20 年代最具争议的经济政策措施。战前的经典金本位制和现在引入的金汇兑本位制之间的区别在于：英镑除了可以用黄金支付外，还可以用可兑换为黄金的其他外汇支付。现在和战前一样，1 英镑仍然等于 4.86 美元。这一举措并非仓促之举。第一次世界大战的交战国于 1914 年出于为战争筹措资金的原因暂停了金本位制，战争结束后，在英国展开了关于是否以及在什么条件下恢复金本位的激烈辩论。尽管立即恢复似乎不可行，但这个计划仍然留在了英国政治议程上，毕竟恢复金本位还是一个事关国家声誉的问题。

而且，恢复战前金平价具有以下优势：外国债务人（特别是外国政府）欠伦敦银行的款项按战后水平计算实际上升值了，这确保了英国在海外的资产、投资和存款的价值。这样一来，伦敦作为金融中心的地位让英国政府在外交谈判中更为有利。另一方面，这一英镑汇率提高了英国工业的相对劳动成本，使得英国商品在国际市场中相比之下更昂贵，因此削弱了出口行业，特别是集中在英格兰北部的主要产业，如纺织、煤炭、船舶制造或者钢铁工业。

英国经济史学家西德尼·波拉德（Sidney Pollard）后来甚

至声称，这一举措是英国政府以工业为代价对伦敦金融城的卑躬屈膝。当时首先是约翰·梅纳德·凯恩斯对这一措施进行了尖锐的批评，他甚至专门针对当时的财政大臣温斯顿·丘吉尔发表了一篇檄文，并收录在他的畅销书《赔偿》中，将其命名为《丘吉尔先生的经济后果》。

历史研究总体上认同凯恩斯的判断，即英镑被高估了约十个百分点，严重损害了英国的竞争力。尽管如此，还是存在一些支持这一举措并且在当时的人们看来相当合理的情况。因此，支持恢复金本位制的人一开始是希望可以恢复战前时期的稳定局势。此外，对于英国来说，英镑在1914年之前曾是世界的主要货币，而伦敦是全世界最重要的金融中心。战后，纽约成了强有力的竞争对手，尽管美国在战后回归了其传统的外交孤立主义，而英国却没有放弃它的殖民帝国和它在世界政治中的主导地位。所以，高汇率旨在帮助巩固英国及其殖民帝国的地位，并反抗美国在第一次世界大战后的经济霸权。

其他因素也起了作用。按照查尔斯·金德尔伯格的说法，货币投机也是导致这一高汇率的原因之一。此外，财政部还抱着通过在南非发现的金矿来扩大自身货币基础的希望。大量黄金流入美国，人们预计会导致美国的商品价格水平上升，从而提高英国工业的竞争力。然而，美国采取金融措施，使得这些流入的资金基本上不影响货币供应，从而使得这些预期都没有实现。最终，英国在 1924 年首次由工党政府执政（虽然只持续了半年），罗伯特·博伊斯（Robert Boyce）指出，恢复金本位制也是为了给工党政府再次上台强加紧缩的财政纪律，并且限制财政上扩张主义的试验。这显示出，财政部和英格兰银行的负责人认为金本位制不仅单纯是一种为全球贸易和金融交易提供稳定框架的货币体系。对于蒙塔古·诺曼和他的同伴来说，它还代表着一种道德上的良好秩序，能迫使政治家们负责任地行动。

英国由于恢复金本位制而被削弱了外贸地位，该国在 20 世纪 20 年代的经济表现并不出色，不仅是因为面临着对美国欠下的巨额战争债务，而且还面临着重要出口市场的丢失。英国 20 世纪 20 年代的经济增长总体上很低，自 1921 年后，失业者就再也没有降到 100 万人以下，这种情况在 1914 年之前是闻所未闻的。因此，按照一些历史学家的观点，甚至可以认为英国的大萧条在第一次世界大战后就已经开始，并一直持续到了第二次世界大战爆发前。

重新恢复金本位制首先意味着必须降低国内的工资和物价，以保持国际竞争力。这一举措之所以重要，还因为一些在国民经济中具有重要意义的行业非常依赖劳动力，受劳动成本的影响极大。采矿业的雇主们在 1926 年春季就已经试图大幅削减工资。然而，这导致矿工和工会联合会（TUC）在 1921 年抗议类似的减薪行动中失败后再次联合起来。结果是 1926 年 5 月爆发了英国历史上第一次全国大罢工。尽管这次罢工几天后就结束了，但采矿业的冲突持续了下去，使得英国的煤炭几乎有一年时间在世界市场上消失。

冲突最终以工人的失败告终，但双方都遭受了巨大的经济损失并结下了很深的仇怨。所以说，试图通过恢复金本位制来增强英国的国际地位仅从这个角度来说就已经是不明智的，因为这一举措迫使该国采取紧缩政策，而实施这一政策的过程却会遭遇来自工人阶级和工会的反抗，引发严重的社会冲突。

另一个问题是，英镑在 1925 年至 1929 年间就承受着持续的压力，这主要与美国经济的积极发展有关，特别是华尔街股票价格的上涨吸引了资金持续从伦敦撤出。为了应对这种情况，英格兰银行被迫保持高水平的贴现率，但这增加了国内通货紧缩的压力并使投资成本变得更高。当美联储在 1928 年春季提高了贴现率以遏制纽约证券交易所的投机泡沫时，结果也不尽如人意，因为这让美国的资本对外国投资者更加有吸引力。所以恢复金本位制到战前金平价实际上在经济危机爆发前就严重限制了英国的经济和货币政策选择。因此，1929 年 10 月华尔街股市崩盘在英国被视为解脱。凯恩斯写道："对于这一压在美国之外世界其他国家肩上的沉重负担的最终解除，我们英国长长地松了一口气。"①

所有这些战后时期的问题与严重影响老旧工业发展的长期产业结构变革以极其独特的方式纠缠在一起，而新兴工业却表现出非常积极的发展趋势。这些新兴行业包括化学工业、电子工业和汽车工业。自 1915 年以来，英国政府就通过大规模使用保护主义手段试图保护新兴工业避免遭遇生产技术上更先进的美国制造商的竞争。因此，为了进入英国市场，福特公司被迫在英格兰开设生产基地，而通用汽车公司在 1925 年收购了当时规模还很小的沃克斯豪尔（Vauxhall）汽车公司，像劳斯莱斯这样的飞机发动机制造商则通过其自身的创新潜力实现了积极的发展，类似的例子不胜枚举。总的来说，英国整体经济生产力在 1924 年至 1937 年间的增长速度超过了第一次世界大战爆发前 40 年的增长速度。就此而言，英国在 20 世纪 20 年代的经济困境也可以被视为产业结构变革的加速过程。

## 全球经济危机在英国

实际上，就危机在英国的发展而言，发展过程可以说是相对较为"温和"的。1930 年，英国经济的国内生产总值几乎没

---

① 黛安·昆兹（Kunz），《英国金本位制的争夺》，第 23 页。

有下降，到了 1931 年，即危机最严重的一年，仅下降了 5% 多一点，大致相当于德国国内生产总值在 2009 年收缩的程度。到了 1932 年，英国的经济产出已经稳定，至 1934 年，经济产出甚至超过了危机前的水平。然而，如果我们看失业人数，情况就不一样了，1932 年官方统计的失业人数从 1929 年的 120万人飙升到了 285 万人。不过从 1933 年开始，失业率开始有所好转。尽管直到 1939 年英国还没有再次达到全面就业的状态，但全国失业情况还算保持在了可控范围内。

危机的过程之所以较为"温和"，可以归结为如下几点。首先，相对于英国的工业潜力，危机初期的破坏程度较低，金融部门也很稳定。其次，至少在 1931 年 5 月之前，贴现率即使在美国股市崩盘后也能保持在相对可接受的水平。再次，危机导致进口商品价格下降，对于像英国这样进出口贸易逆差如此高的国家来说，这是一件好事。而全球遭受危机影响最严重的农业部门在英国不仅规模很小而且效能极高。最后，物价下降使得仍然有工作的人的实际工资购买力上涨。此外，政府的社会福利支出进一步稳定了民众的情绪，也有助于新兴产业的良性发展。

问题是，失业集中出现在一些地区，特别是老旧产业占主导的地区。1931 年，英格兰北部或威尔士的失业率超过 30%，而大伦敦区域的失业率仅 13% 出头一点。在以纺织业为主导的兰开夏郡，或以采矿业为特色的南威尔士，有时整个城镇都失业。

劳动力市场上的压力为本来就因行事吝啬而出名的采矿业雇主
们提供了额外的手段来制约劳动力和工会，而他们也充分利用
了这些手段。虽然在某些地区，例如大伦敦地区，人们可能没
有明显感受到这场危机，但其他地区的情况简直是灾难性的。

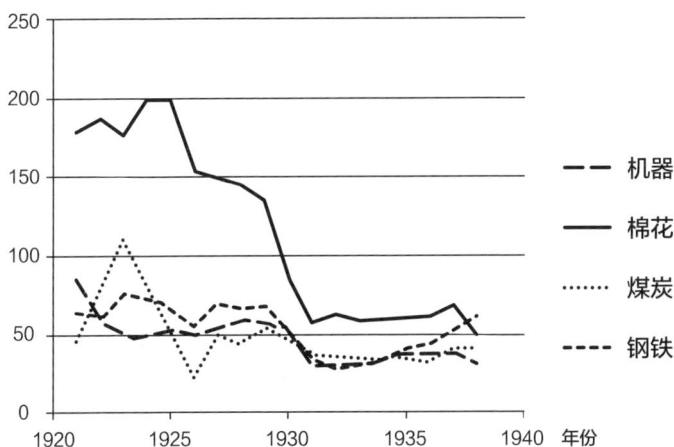

图 3：1920—1940 年英国最主要商品的出口量
（以当时价格计算，单位：百万英镑）①

　　1929 年 6 月，英国大选再次选出了一届工党少数派政府，
他们能够在选举中获胜，一方面是因为危机前已经相当严重的
失业问题，也因为大多数英国人呼吁通过扩张性措施来刺激经
济发展。支持扩张性措施的不仅仅有工党，还有部分自由党。
自由党领袖大卫·劳埃德·乔治（David Lloyd George）于

① 米切尔（Mitchell），《英国历史统计》，第 484 页。

1929 年发表了一份名为《我们可以征服失业》的竞选宣传手册，提出了通过创造公共就业机会来解决失业问题。凯恩斯这位政治上的"自由主义者"，随后对这些想法表示了认同。

自由党这些相对成功的举措对于工党的强大来说至关重要，因为根据英国的多数制选举规则，他们从保守党那里拿走了至关重要的选票。

然而，在危机期间实施计划的扩张性措施被证明是极为复杂的。政府的行动空间最终被证明是极其有限的。工党少数派政府必须得到反对派的同意才能实施扩张性措施，但保守党却坚决反对扩张性措施，只有一部分自由党人可能会同意。此外，在危机过程中，公众的观点也发生了转变，从看重创造就业机会的措施转为更加看重加强社会保障的政策。而且工党内部的观点也并不统一。尽管党内有时会有激进的言论，但首相拉姆齐·麦克唐纳（Ramsay MacDonald）和财政大臣菲利普·斯诺登（Philip Snowden）都更趋向于保守，他们主要关注的是证明工党的执政能力。因此，财政政策总体上仍然着眼于平衡预算。

而英国政府直到 1931 年 9 月都主要集中在应对两个领域的危机。一方面关注的是当时所谓的合理化措施。其中主要是将各个较小的企业合并成更大的单位，以提高它们的组织效率和技术效率。然而，除了被强制要求加强企业合作的采矿业以外，这些计划在危机期间仅有少数得到了落实。

另一方面，英国政府于 1929 年末成立了麦克米伦委员会（Macmillan Commission），该委员会就应对危机的可能性措施进行了长达一年半的讨论，在某种程度上形成了一个拥护扩张主义的圈子，由凯恩斯、工会领袖欧内斯特·贝文（Ernest Bevin）和自由党人雷金纳德·麦肯纳（Reginald McKenna）组成。与之相对，英格兰银行和财政部的代表，即所谓的财政部观点的主要支持者提出了一个论点：国家信贷扩张会导致"挤出效应"。他们认为，如果国家作为竞争对手在资本市场上出现，私营企业的贷款利率将上升，也就是说，这只会挤占私人信贷需求，而不是创造额外的需求。这是一个非常合理的论点，但因为蒙塔古·诺曼在委员会面前表现不佳，从而削弱了"财政部观点"在公众中的信服力。

麦克米伦委员会最终于 1931 年 6 月公布了他们的报告。主要由凯恩斯撰写的主体部分解释了实施创造就业的措施和干预贸易政策的必要性。尽管如此，这份报告整体而言措辞谨慎，其各种附件显示了委员会成员的意见总体上分歧很大。此外，迫于来自保守党的压力，1931 年 1 月成立的五月委员会也在短短几周后于 8 月 1 日发布了有关英国财政状况的报告。在这份报告中，五月委员会对预期中的巨额预算赤字进行了悲观的描述，显而易见，即使扩张性措施获得政界的多数支持，英国政府显然也无法提供资金来落实这些措施。

这种政治上的困境，只是自 1931 年夏季以来英国日益严重的财政和政治危机的一个缩影。英国不得不应对金融业收入下降以及随之而来的国际收支问题。出口产业受到严重影响，失业人数上升至超过 270 万人。工党的声望在这种情况下已经有所下降，而让他们的情况变得更糟的是拉姆齐·麦克唐纳（Ramsay MacDonald）及几位部长的"背叛"——他们于 1931 年 8 月底与保守党和自由党一起组成了一个国民政府。麦克唐纳和他的追随者，其中包括对于许多人来说是国家稳健支出政策的保障的财政大臣菲利普·斯诺登，都因此举被工党开除。

虽然关于组建一个国民政府的谈判由来已久，但具体的契机主要是政府和英格兰银行在维持英镑的金平价过程中面临日益艰难的困境。自 1931 年春季以来，资本外流增加，迫使英格兰银行大幅提高贴现率。这导致贷款变得更贵，影响了经济的发展，此外也未能重新赢得投资者的信心。在接下来的几个月里，资本外流仍然持续不断，因此英国不得不向美国借入大量资金。问题很快浮现——美国的资金提供者，特别是 J.P. 摩根，以英国削减国家开支为交换条件。为了获取贷款以支持货币，英国被要求削减 7000 万英镑的开支。工党的大部分成员不愿意这样做，特别是因为这会影响到失业救济。

然而所有的努力都是徒劳的，因为国民政府的成立与金本位制度的维持密切相关，它成立几周后，即 1931 年 9 月末，英国就放弃了英镑的黄金兑现义务。

人们对于资金持续外流的原因展开过频繁的讨论，在这个过程中提出了多种解释，这些解释可能都或多或少有一部分是正确的。例如，法国在 1928 年就开始施行黄金兑换计划，导致黄金从英国流出，法国甚至向英国提供了贷款，用于资助黄金流向法国（请参阅有关法国的章节）。在英国出口到南美的市场上，像阿根廷这样的国家自 1929 年底以来就已经放弃了黄金平价，并通过这种方式让它们的货币贬值。英格兰银行自 1931 年 6 月以来对德奥金融危机的干预也是一个重要的原因，它在德国储备了大量资本，但在德国实施外汇管制后，却无法直接动用这些资本。这进一步导致了人们对英镑的信心丧失和投机活动。五月委员会关于英国糟糕的国家财政状况报告也加强了日益加剧的不安情绪。最后需要注意的是，1931 年夏季的金融危机不仅导致在德国，而且在欧洲许多其他国家也引入了资本管制。这反过来又导致投资者无法再轻易地从这些国家撤资。因此，在普遍的不安气氛中，在那些撤资还可行的地方，资金被大量撤出——首当其冲就是英国。

这些问题短期内也许可以通过削减预算和增加借贷来解决。因此，说英国在 1931 年 9 月"被迫"放弃金本位可能有些夸大。但黛安·昆茨（Diane Kuntz）正确地指出，局内人的精神负担是巨大的。蒙塔古·诺曼在 1931 年 8 月经历了一次精神崩溃，被送去度长假休息。他不在的时候，他的同事们试图稳定局势，但事实证明所有的措施都显然没能重新赢得投资者的信任，无论是提高贴现率、增加借贷还是最终的政府更迭都未能阻止资本外流。就此而言，至少从心理的角度来看，退出这个"怪圈"并放弃兑现义务是合理的。

　　1931 年 9 月 21 日英国放弃金本位制度以后，一些参与者可能还是感到很惊讶——世界居然没有在第二天崩溃。社会改革家和殖民地大臣西德尼·韦伯（Sidney Webb）惊讶地说道："没有人告诉我们还可以这样做。" 在短短几个月内，英镑贬值了大约三分之一，随后稳定在一个新的汇率水平上。而且，没有发生所有人都担心的大规模通货膨胀。1932 年初，英格兰银行采取了果断的干预措施来稳定英镑汇率，同时在 1932 年 2 月至 6 月期间将贴现率从 6% 逐步降至 2%。

　　对于英国和将它们的货币与英镑挂钩的国家来说，这一举措让它们松了一口气。尽管以上措施导致了资产和债权的价值下降，但同时也减轻了英国经济的通货紧缩压力。然而，对于那些不能轻易贬值它们的货币的国家而言，这一举措简直是一场灾难，尤其是德国。德国政府试图通过降低物价和工资以及采取激进的节约措施来改善国际竞争地位的所有尝试，都因此瞬间化为泡影。金本位的崩溃并没有导致国际社会上一致的货币贬值和货币供应扩张,而是明确地产生了赢家和输家,而英国是赢家之一,尽管它并非自愿放弃金本位制。

在这个过程中,"贸易条件"的改善以及货币贬值后重新膨胀的影响尤为重大。与此同时,英国自从1846年废除《谷物法》以及1860年签订科布登 - 谢瓦利尔贸易协定(Cobden-Chevalier-Handelsvertrag)以来,一直是自由贸易的堡垒,它于1931年11月开始并于1932年2月正式地转向了贸易保护主义。随后,除了来自英国殖民地的进口商品以外,英国向其他进口商品统一征收10%的关税,其中对工业品征收的关税甚至高达30%。对此,特别是那些遭受外部竞争压力的行业代表施加的内部政治压力也是一个原因。然而,在1931年期间,从工业组织直到工会都形成了广泛的政治共识,即提高关税保护是必要的。尽管如此,福雷斯特·卡皮(Forrest Capie)的观点可能并非完全错误,即英国与其他国家相比较晚采取这一步骤,这体现了英国对自由贸易的倾向。

无论如何,从1932年开始,英国经济逐渐开始复苏。这时候的新兴工业也比老旧工业发展得更好。尽管在20世纪30年代,钢铁工业在一定程度上再次复苏,但采矿业特别是船舶制造业仍然处于艰难的处境;在1932年至1937年经济繁荣期间,这两个行业的就业人数依然在下降。特别是像南威尔士地区或格拉斯哥这样的城市,作为重工业中心,由于经济结构问题和持续的失业问题，仍然要与严重的社会问题作斗争。格拉斯哥，这座苏格兰的大都市主要依赖船舶制造业和其他重工业，但因为日益增多的暴力和帮派对抗事件，在 20 世纪 20 年代和 30 年代被很不光彩地被称为英国最危险的城市之一。

其他行业和地区的情况则明显好转，特别是建筑行业经历了引人注目的繁荣，并对整体经济复苏起到了重要作用。人们也观察到，在 20 世纪 30 年代，越来越多的英国人能够负担得起自己的住房，这使得约翰·史蒂文森和克里斯·库克得出了这样的结论：在 20 世纪 30 年代末，英国公民吃得更好、穿得更好，而且消费也比历史上任何时候都更多。

"对于许多有工作的人来说，繁荣并不是在 20 世纪 50 年代开始的，而是在 20 世纪 30 年代，当时对于普通雇员来说，购买自己的房子（通常是通过贷款）、购买一辆汽车以及购买一系列耐用消费品和家庭用品都成了可能，而这些东西此前似乎是无法企及的。"①

这导致了英国经济南北差距的进一步加剧，这种差距直到今天仍然是英国的一个特点。伦敦以高比例的新兴工业和服务业而著称，而基础工业在这座首都城市的影响相对较小。相反，利物浦、曼彻斯特或格拉斯哥这样的北方工业城市却面临着严

---

① 斯蒂文森、库克，《大萧条中的英国》，第 13 页。

重的问题。就此而言，在评估大萧条时需要进行仔细的区分。一方面，英国确实相对较轻松地度过了危机，特别是与德国或美国相比；另一方面，大规模的失业和严重的社会问题集中在个别地区。所谓的贫困测试（Means-Test）作为危机中最糟糕的附带现象之一留在了英国人的集体记忆中。在这项"测试"中，地方官员会亲自访问家庭，评估其经济和社会状况，然后决定他们是否应该获得政府的资助。可想而知，许多人都感觉在这个过程中受到了侮辱。

尽管在某些地区发生了大规模的失业和贫困，但英国并未发生全面的政治激进运动。与美国不同，饥饿游行运动没有产生很大的影响，吸引参与的人数也较少。在20世纪30年代初，前工党政治家奥斯瓦尔德·莫斯利（Oswald Mosley）曾试图通过"黑衫党"运动建立一个法西斯主义政党。然而，这个党派在20世纪30年代的选举中通常不受待见。尽管在上层社会和知识分子中偶尔会出现对极端政治党派的明显同情，但这些政治力量从未获得过群众基础，这清楚地表明了英国民主制度的稳定性。

## 贸易保护主义和英镑区

与美国的情况类似，英国的发展对全球经济发展有着重大的影响。按照进出口总额计算，英国在 1929 年仍然是世界上最大的贸易国。虽然美国实现了高额的出口顺差，但英国传统上仍存在贸易逆差，通常可以通过金融交易实现的盈余来负担。伦敦作为金融中心和放贷中心具有极其重要的地位。此外，英国还对它众多现存殖民地的经济发展有着巨大的影响。许多国家在放弃金本位制度后将它们的货币与英镑挂钩，以此来减少汇率波动。采取这一措施的国家很快被非正式地称为英镑区（或先令区），直到 1933 年 6 月底 7 月初的伦敦世界经济会议上，英镑区才正式确立。

属于英镑区的国家通常是过去就与英国建立了密切经济联系的国家，其中包括埃及、丹麦、芬兰、伊朗、挪威、瑞典和泰国等不同的国家。一个重要的例外是加拿大，由于它与美国关系紧密，所以没有加入英镑区。也有一些国家虽然将它们的货币与英镑挂钩，但没有正式加入英镑区。加入英镑区的一个主要动机是英国政府在 20 世纪 30 年代初期对资金外流实施限制措施，但这些措施不适用于英镑区的成员国，或者仅部分适用。因此，这些国家的资金要进入英国的资本市场就容易得多。

此外，受到自 1931 年底以来保护主义政策的影响，英国的贸易往来越来越集中于英国现在的和前殖民地国家以及英镑区的成员国。对此，1932 年夏天在渥太华召开的会议尤为重要，在会议的谈判中逐渐形成了一个共同的贸易区。正如在本章中已经阐述的那样，全球货币区的形成是全球经济危机的一个结果。这些货币区同时也是贸易区，它的边界不仅受货币流通范围的定义，还受贸易保护主义政策的定义。不仅德国在1931年后（尤其是1933年纳粹掌权后）转向外汇管制并签订双边贸易协定，英国同样展现出双重特征，它既是国际货币集团的核心国家，同时又扮演这个区银行家角色，通过"帝国特惠制"政策将贸易日益集中于特定国家。1929年，英国与英联邦国家的贸易仅占进口的26.5%和出口的44.5%，而到1939年，这一比例分别达到了39.4%和49.9%。

为了理解英镑区形成的过程和原因以及是如何过渡到保护主义的，我们首先要了解英国在1931年9月放弃金本位制之前其经济政策的混乱状况。在此之前，"财政部观点"和"扩张主义"的代表之间存在着尖锐的分歧。放弃黄金兑现义务后，一开始尚不存在应该如何继续实施货币政策的具体替代方案。许多金融政策的正统派代表在1931年底还抱有一段时间过后能够以更低的汇率重新恢复金本位制的希望。同时，人们还普遍担心英镑会继续贬值，并引发无法控制的通货膨胀的态势。

但后来的事实却显示，放弃金本位制不仅为经济政策开辟了新的行动空间，而且还起到了促使人们自由展开经济学辩论的作用。例如英国政府的经济顾问、"财政部观点"的正统代表弗雷德里克·利思-罗斯（Frederick Leith-Ross）在1931年

10月就写信给凯恩斯，请求他为英国的货币政策制定一个概念。这是一个明确的信号，表明了一场关于如何建立稳定的政治秩序框架以确保对外贸易并防止英镑不受控地"浮动"的开放性辩论已经开始。其中一个重要背景是，英国正处于一个十字路口：如果1914年之前据说可行的自由世界经济的理想不再可行，那么英国在某种程度上就必须在欧洲和大英帝国之间作出选择。出于各种原因，最终的决定倾向于大英帝国。

支持这一决定的一个条件是，人们认为欧洲的政治局势极不稳定，尤其是与法国的关系非常紧张。同时，英国十分乐意看到本国及英联邦国家经济富裕：起重要作用的不仅仅是它们之间旧有的关系、往往相同的语言和政治权力的问题，还因为这些国家大部分从伦敦借走了大量贷款，而它们只能通过维持有利可图的出口贸易来偿还这些贷款。然而，阿根廷和玻利维亚等国早早地放弃了金本位制，使得它们的货币贬值并确保了自己的出口优势，这恰恰威胁到了其他国家的出口，主要是农产品出口。所以这些国家现在受到了英国关税政策的影响，处于不利地位。

加入英联邦对于一个国家的作用可以通过澳大利亚的例子来说明，它除了是英国的自治领以外，还通过金融往来与英国关系紧密。澳大利亚在19世纪从一个英国流放囚犯的殖民地发展成为一个国家，自18世纪以来，被流放到那里的囚犯们由于

"距离的暴政"几乎不可能再回到他们的家乡。虽然这片大陆上大部分地区的气候都很恶劣，但是在气候允许的区域逐渐发展出了定居点和大城市，尤其是在国家的东南部（悉尼、墨尔本）和西南部（珀斯）。在国际贸易中，澳大利亚是非常重要的原材料和农产品供应商，特别是小麦和羊毛，也包括煤炭和许多金属。澳大利亚的经济危机早在纽约证券交易所股价暴跌之前就已经开始，主要是因为农产品价格在此之前已经下跌。与其他依赖国际贸易而繁荣的国家一样，随后原材料和农产品需求的崩溃给它带来了严重的问题。

特别是农产品市场上的价格暴跌带来了严重的后果，澳大利亚最初选择了一条不适合用来解决问题的途径。危机爆发后不久，政府启动了"增产小麦"运动，面对下跌的价格试图通过增加生产量来提高农业收入，同时政府向农民保证了最低价格。但国际市场上农产品的价格持续下跌，政府陷入了严重的财政困境，无法兑现之前的承诺，直到1930年初通过货币贬值才稍微缓解了困境。澳大利亚的谷物现在大量流入亚洲市场，并对那里的农产品价格造成压力。然而这还只是开始。自1933年以来，与美国和非洲部分地区一样，澳大利亚还发生了多次严重的干旱，这使得"增产小麦"运动毫无意义。许多负债过多的农民无法偿还贷款，不得不放弃他们的农场。

产品价格下跌和需求下降不仅导致了农场和企业的崩溃、

失业和饥饿，它们还让澳大利亚政府面临着严重的财政问题，因为该国在伦敦欠下了巨额债务。因此，澳大利亚政府在经济政策的许多方面都受到了束缚。与此同时，英国在1930年派遣了一位"货币医生"到澳大利亚，这位银行家奥托·尼美耶（Otto Niemeyer）是蒙塔古·诺曼的密切合作者，也是1925年重新引入金本位制的关键幕后操纵者之一。尼美耶被要求全面深入的评估澳大利亚的经济政策形势，他在1930年夏天抵达澳大利亚不久后便提出了建议：澳大利亚应大幅削减政府支出，以使其能够履行对伦敦的还债义务，或者才可以期望来自伦敦城的妥协。

尼美耶建议引发了许多澳大利亚人的愤怒。澳大利亚经济自19世纪最后一个季度以来的崛起使许多澳大利亚人达到了当时令人瞩目的生活水平。在20世纪20年代，城市的基础设施和福利机构通过大量的投资得到了扩建。然而，一位英国财经专家在这里短暂停留后对这种崛起提出了质疑，这引起了巨大的愤慨。那些强烈反对被强加紧缩政策的政治家可以期待越来越多的支持。

澳大利亚也不得不应对经济危机通常会带来的问题，即民族主义倾向、广泛传播的民主怀疑情绪以及民粹主义的兴起。在澳大利亚东南部的新南威尔士州，总理杰克·朗（Jack Lang）于1931年春季抗议英国强加的紧缩政策，并提出了所谓的"朗计划"作为替代方案。该计划规定，只要不存在国家之间的债务协议（类似于英国在此期间与美国谈判签订的协议），澳大利亚就停止向英国支付利息。要求放弃金本位制，并将支付的利息降低到澳大利亚国债的水平。此外还要求增加预算，并启动创造就业机会的措施。然而，杰克·朗的政治生涯很快就结束了：在同一年，他与一群追随者被从澳大利亚工党中分裂出去；并于 1932 年 5 月在巨大的国内政治压力下，杰克·朗被解除新南威尔士州州长的职位。而在以农业为主的西澳大利亚，由于山脉和恶劣气候，这里人迹罕至，与东部人口密集地区相隔绝，这里的人们决定宁可自己掌握自己的命运。特别是他们觉得在财务上被堪培拉的中央政府欺骗了，西澳大利亚于 1933 年投票决定从澳大利亚分裂出去。

综上所述，可以得出以下结论：澳大利亚的经济危机早在 1929 年中期就开始了，但该国也比大多数其他国家更早地摆脱了这一困境，主要是因为它及早地贬值了货币，虽然增加了国家债务，但也促进了出口。此外，澳大利亚还受益于英国的经济复苏和"帝国优惠"，这些因素对澳大利亚的出口产生了积极影响。由于该国对危机采取了一种务实的处理方式。这里既没有发生严重的暴力事件，也没有出现明显的政治激进化。历史学家杰弗里·博尔顿（Geoffrey Bolton）在他关于西澳大利亚在全球经济危机期间历史的著作中，故意自相矛盾地将其描述为一个"可以挨饿的好地方"。

### 英国殖民地与经济危机

　　许多与英国经济紧密联系的国家并不是政治上或多或少自治的英联邦成员国，而是英国的殖民地，即在政治和经济上处于英国统治之下的领土。这其中包括印度、肯尼亚、尼日利亚和乌干达，以及新加坡或南罗得西亚（今津巴布韦）这样的皇家殖民地。大英帝国覆盖了地球四分之一的陆地面积，每四个人中就有一个英国公民或是皇室臣民。

　　起初，殖民地受到了农产品价格下跌的影响，因为它们首先是初级产品的生产者。例如，这影响到了尼日利亚的棉花和花生生产者，以及南罗得西亚（今津巴布韦）种植玉米的农民。在危机期间，肉类价格大幅下跌，这对非洲的牲畜养殖业也造成了灾难性的影响。除了农业领域的这些问题之外，还伴随着环境灾害的影响，如蝗虫灾害、口蹄疫以及自 1933 年以来尤其严重的干旱，这些旱灾不仅影响了许多非洲国家，也严重影响了美国和澳大利亚。然而，另一方面，这些旱灾有力地推动了受极端气候影响较少的那些拉丁美洲国家的经济恢复。

　　危机对殖民地的影响是不同的。南罗得西亚（今津巴布韦）尤其是南非这些黄金生产国从 1931 年 9 月以来金价的大幅上涨中受益，即使收入只惠及了一小部分人口。总体而言，这些国家有更大的行动余地来采取措施应对危机（尽管在具体情况下，这种机会并不总是被明智地利用）。但对于那些出口集中于一种或几种产品的国家来说，危机则意味着它们几乎失去了整个经济基础。例如，对于新加坡来说，美国汽车工业对橡胶和锡的需求崩溃给其带来了灾难性的后果。就此而言，现有的原材料储备量和各自的出口专业化程度对于各国是较轻松还是较狼狈地度过危机起着重要作用。

与此同时，大萧条给那些深受其害的殖民地的英国殖民统治带来了问题。大英帝国版图辽阔，无法由伦敦直接统治。它更多的是在英国统治下的一种自我管理，也就是说，英国提供总督、高级官员和一定的军事驻扎，同时由当地精英来负责管理和行使权力。这种殖民统治在经济上的盘算是：殖民地如果不带来盈利，至少不会带来损失，而且应该能够自给自足。然而，这一盘算在危机期间不再适用于所有地区，后果就是剥削的压力增加了。

印度的例子非常清楚地表明了这一点，但印度在某种程度上是一个特例。在这里，在英国恢复金本位制后，印度卢比兑英镑的汇率甚至高于战前平价；一开始，英国对此起到了决定性的作用。英国政府在危机期间将维持这一汇率作为首要任务，因为它担心卢比贬值会导致资本恐慌外逃从而导致国家破产。但印度在伦敦背负着巨额债务，这反过来又可能会给英国本身带来不可预见的后果，其中不排除印度破产甚至会导致其母国的破产。英属印度财政部部长乔治·舒斯特（George Schuster）想要利用英国放弃金本位制来使卢比与英镑脱钩的尝试遭到了拒绝。

为了维持卢比汇率而采取通货紧缩政策对印度经济的影响是巨大的，因为这一政策使得纺织业和农业面临几乎无法解决的问题。高昂的卢比汇率使出口变得困难，同时降低了进口成本。英国人的财务盘算实际上几乎没有缓解印度的货币政策困境，而是仅仅通过一种踌躇不决的保护主义来保护印度免受外国进口的冲击。后来反倒是这种经济上的危险处境使得人们转而拥护反对派的国民大会，从而在很大程度上导致了殖民统治的解体，并最终导致印度在 1947 年独立。

最近摩西·E.奥乔努（Moses E. Ochonu）针对尼日利亚北部的案例提出了类似的思考。尼日利亚自 1861 年以来一直是英国的殖民地，其北部主要生产棉花和花生作为重要的出口商品。在这里，全球经济危机同样明显增加了殖民剥削的压力。相对应的措施，尤其是增加赋税，被证明并不成功。一方面，特定地区越来越严重的贫困导致了犯罪率的上升、酗酒和饥饿，这对殖民统治者来说构成了严重的治安问题。再加上严重的歉收和蝗灾，进一步恶化了尼日利亚北部的局势。作为回应，逐渐形成了一场反对英国人的有组织的抗议。随后形成的反对派团体成了尼日利亚独立运动的核心，直到该国最终于 1960 年获得独立。因此，奥乔努将全球经济危机称为非洲国家的"殖民瓦解器"，但将大萧条看作殖民统治解体的关键因素可能言过其实。因为殖民统治的解体在第二次世界大战后才大规模发生，而在大多数情况下，英国的殖民统治即使在危机期间也没有受到质疑。

在殖民地历史学文献中，通常将全球经济危机与殖民压力的增加和剥削的加剧联系在一起。一些作者甚至声称，由于农产品价格低，英国是站在英国殖民地的肩膀上才得以在危机中幸免于难。然而，这种观点忽略了两个重要的方面。首先，且不论农产品价格低下并不是英国的责任，起码英国确实乐于看到殖民地经济富裕，一方面是为了让它们的自治更加容易，另一方面当然是希望它们能够支付在伦敦欠下的债务。相应地，"帝国优惠"就是旨在确保殖民地能够保持相对盈利的出口业务，而像拉丁美洲的农产品生产者（例如作为重要的农产品和肉类生产国的阿根廷）则处于劣势。其次，20 世纪 30 年代开始的英国发展援助项目背后也有这样的考量，即改善殖民地的经济状况，以便它们能够履行其还债义务。

然而，正如当时的观察家们已经指出的那样，贸易保护主义也背负着根本性的结构性问题。"帝国优惠"或多或少地在英国和殖民地之间确立了一种静态的劳动分工，后者主要充当农产品和原材料的供应商，而英国则出口制成品。这其实是为了维持 19 世纪末的进出口模式。然而，这场危机恰恰在这些欠发达国家强化了所谓的进口替代趋势，即自己生产制成品。

这一趋势在 20 世纪 20 年代就已经可以在这些国家观察到。例如，可以从印度的例子中看出，其自身工业生产的发展也与民族解放的努力有关。坦率地说，总是用汽车换取花生的劳动分工迟早会导致双方关系紧张。


## 英国资本主义的新特征

虽然全球经济危机在英国表现得相对"温和"，它仍然导致了经济政策的根本性变化和英国资本主义的新特征。人们就保护主义在英国经济史上的影响进行了深入的讨论。虽然福雷斯特·凯佩等学者认为，保护主义本质上是保守派利益集团为维护既得利益的胜利；但迈克尔·基特森 (Michael Kitson) 与索罗莫斯·索罗莫 (Solomos Solomou) 则指出其积极经济效应：通过提升价格水平缓解了国内社会矛盾，还为英国工业品保障稳定销售市场。事实上，自 1932 年以来，英国和英镑区国家一直在逐渐复苏。贸易区和货币区的形成使得贸易往来很快再次活跃起来，只是并未再次达到危机爆发前的水平。

不过，基特森和索洛穆也提出担忧：尽管有短期的积极影响，但英国经济的长期竞争力可能会因保护主义而受到损害，即老旧产业得到保留，新兴产业的竞争压力减弱。尼克·克拉夫茨（Nick Crafts）和斯蒂芬·布罗德伯里（Stephen Broadberry）在一篇文章中阐述了这样的观点：英国经济在没有关税保护的情况下会发展得更好。他们认为在 20 世纪 30 年代的经济复苏中，英国新兴产业的劳动生产率之所以明显落后于美国，其中一个重要的原因就在于保护主义。他们结合在英国经济中普遍存在的"卡特尔化①"的背景对保护主义进行了解释，认为其阻碍了彻底的精简改革。这些论点在上述关于英国工业相对衰退的辩论中尤其突出。但也可以采纳另一种观点。亚历山大·J. 菲尔德（Alexander J. Field）认为，正是美国危机的严重性和长久的持续时间，才将这场危机变成了一个彻底的技术革新计划，即迫使美国企业采取全面的精简措施。于是，英国的危机相对"温和"的进程反而更多地被视为障碍。此外，事实证明，在英国和在其他地方一样，第二次世界大战比保护主义更能保护老旧工业。

　　这场危机改变了英国资本主义的特性。对于英国来说，想要像在 1914 年之前那样，通过金融交易收入来顺利地支撑其传统上的贸易逆差，变得越来越艰难。国内市场变得越来越重要，构建由国家引导的资本主义的愿景也变得越来越具有吸引力，

---

① 经济学概念，指企业通过协议、合作或垄断形式限制市场竞争的行为。

正如在 1945 年之后国内市场对英国战时经济的影响越来越凸显。然而，这绝不是自愿发生的，对于英国来说，保持 1914 年之前的状态在经济上肯定是最有利的。第一次世界大战以及最终的全球经济危机迫使英国放弃了长期以来获益颇丰的旧经济模式。

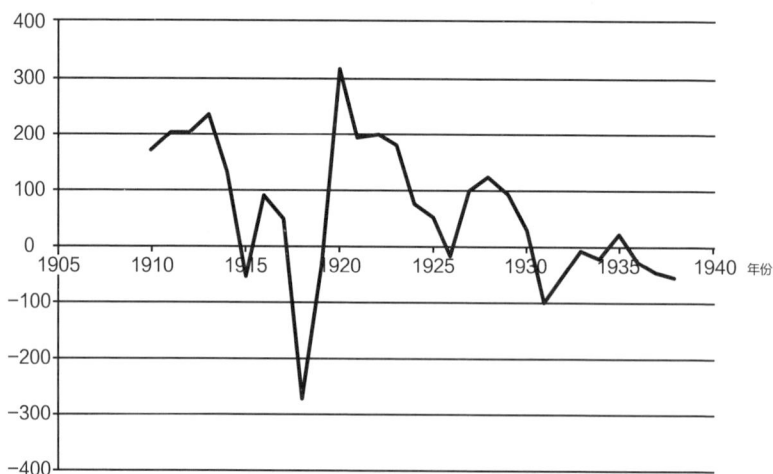

图 4：1910—1938 年英国资本账户余额
（按当前价格计算，单位：百万英镑）①

---

① 米切尔，《英国历史统计》，第 872 页。

## 第三节　危机在美国

### 美国的大萧条：规模大且时间长

　　除了德国之外，美国是工业大国中受全球经济危机影响最严重的国家。美国的情况对于全世界来说肉眼可见地标记了这场危机的序章，即从 1929 年 10 月 24 日起华尔街连续发生股市崩盘，而在接下来的几年里，失业率几乎飙升到 25%。此外，与德国相比，美国的危机持续时间明显更长。德国在 1932 年夏季已经度过了经济的低谷并开始复苏，但美国仍继续饱受高失业率的折磨。1937 年秋季，在罗斯福政府为了实现预算平衡而削减了政府支出以后，甚至再次发生了严重的经济衰退。直到第二次世界大战开始并展开大规模军备竞赛以后，美国才最终摆脱了"大萧条"的困境。

　　此外，与许多其他工业国相比，危机的经历更为深刻地铭刻在了美国人的集体记忆中。相关主题在无数的电影和文学作品中被反复描述，其中约翰·斯坦贝克（John Steinbeck）于 1939 年出版的作品《愤怒的葡萄》（Grapes of Wrath）应该是最著名的一部，它讲述的是一个因沙尘暴的影响而不得不向西搬迁的农民家庭的故事。出版家爱德华·罗布·埃利斯( Edward Robb Ellis ) 也用描述性的语句作为他的关于危机的庞大社会史的开篇：

　　我亲身经历了大萧条，因为我存在银行里的钱足以供我读大学，所以自 1929 年 9 月起我在密苏里大学就读。1929 年 10 月，华尔街股市崩盘，不久之后，我家乡的银行破产了。和当时成千上万的人一样，我通过在大学冰激凌店、餐饮业和书店工作来支付学费。当我还是一名大学生时，去听富兰克林·D. 罗斯福在杰斐逊市进行第一次总统竞选活动时的讲话，我离他只有几米的距离。获得新闻学学士学位后，我在一家报社找到了第一份工作，但在头几周里没有得到任何报酬。在新奥尔良，我看到警察是如何解散一次饥饿游行的。在俄克拉荷马城，当总统罗斯福在那里发表演讲时，我坐在距离他只有几米远的新闻区。当沙尘暴袭来时，灰尘每天都覆盖住 WPA( Works Progress Administration，一个"新政"组织 ) 的总部，也吹进了我的嘴里。后来，我遇到了一位在 WPA 交响乐团中担任第一小提琴手的女孩，并和她结婚了。一天，我和我的第一任妻子发现，三美元是我们仅有的财产。①

　　这段摘选的文字不仅仅是一个中年人讲述自己贫困的经历，对中产阶级而言，这更是从未有过的体验，实际上谈及了和美

---

① 爱德华·罗布·埃利斯，《痛苦中的国家：1929—1939 年美国大萧条》，第 10 页。

国大萧条关联在一起的那些典型场景：失业者们参加饥饿游行，有时遭遇警察的棍棒殴打；农民被迫离开他们的土地；自 1933 年以来担任美国总统的富兰克林·D. 罗斯福在演讲中试图给人民带来新的希望；为了应对危机造成的后果，在由罗斯福负责的"新政"框架下创建了众多无用组织。在约翰·斯坦贝克的《愤怒的葡萄》、记者斯塔兹·泰克尔（Studs Terkel）的报道、多萝西亚·兰格（Dorothea Lange）的摄影作品以及许多其他的时代见证中，展现了美国的自我认知在"大萧条"中受到的深刻和长久的冲击。

当我们将美国的经历与德国的经历相比较时，很快就会明白，危机的经历总是相对的。德国自第一次世界大战以来，短时间内经历了一系列严重的危机：革命引起的政治动荡、政变企图、鲁尔地区的被占领、恶性通货膨胀，以及 1925 年底 1926 年初短暂但严重的"中间危机"。全球经济危机在这里仅仅是对世界已经因第一次世界大战而失序这一论断的强调。然而对于美国而言，20 世纪 20 年代其实是"黄金年代"。不仅经济繁荣发展，而且在这里历史上首次形成了现代意义上的消费社会。因此，危机对美国的冲击也因为之前的繁荣而显得更加突出。尽管如此，美国人的状况仍然比许多其他国家要好得多。例如，约翰·福特（John Fords）根据《愤怒的葡萄》拍摄的电影在 20 世纪 40 年代末在苏联被禁，因为该电影尽管展示了种种苦难,却表明了即使是最贫穷的美国人也仍然买得起汽车!

大萧条之所以在美国人心中留下了如此深刻的印象,也与美国经济生活中的个人主义有关,即一种特别的"商业伦理",它传达了一种隐含的信息,即每个人都可以通过努力和辛勤工作获得尊严和财富。与欧洲不同,那时大多数美国人都是从欧洲迁移到北美大陆的,这里不应该有一生下来就无法改变命运并限制人生机遇的社会阶层和阶级。通常简单地被称为"美国梦"的理念,其实是承诺任何人都可以通过参与市场来融入社会。但是,当市场不再有效运行时会发生什么呢? 与其他地方相比,危机对美国的自我认知,即对"追求幸福"的信念造成了更为严重的冲击。

## 危机的开始

美国在 19 世纪经历了迅速的经济增长和快速的工业化,突出表现在庞大的铁路交通网络的扩建以及不同工业中心的崛起上,特别是在东海岸和北部的大湖地区(如芝加哥、底特律、匹兹堡)。与此同时,一个对于当时来说极其高效的农业部门也在发展,这个趋势在 19 世纪下半叶就已经通过大量的资本投入得到体现。从 1855 年到 1890 年,美国的国内生产总值年均增长率达到了 4%;在 1890 年到 1927 年期间,仍然保持了 3.56%

的增长率。到了世纪之交，美国就已经取代了英国和德国，成
了世界上最大的经济体。

　　然而，美国也并非乐土。经济增长不仅导致了大城市的迅
速扩张，许多负面的现象也随之而来：贫困、犯罪和卫生问题。
为了寻找这些问题的答案，美国从 19 世纪 90 年代以来就发展
出了名为"进步运动"（Progressive Movement）的运动，高
举改善这些城市问题的旗帜。"进步者"中最著名的代表是西
奥多·罗斯福（Theodore Roosevelt），他从 1901 年至 1909
年担任美国总统，并且是 1933 年初上台的美国总统罗斯福的
叔叔。"进步运动"的特点在于它更注重通过地方项目和公民
的个人参与来改善小微之处的状况，而不是建立社会福利国家。
在全球经济危机的背景下，这个国家基本上放弃了中央政府的
干预，而采用这种"去中心"的做法。

　　1933 年后，这个政策因为"新政"发生改变，也正因为这
个原因，罗斯福政府的"新政"被视为美国整个历史发展的一
个分水岭。

　　第一次世界大战巩固了美国在全球经济中的地位，使其从
债务国转变为债权国。与当时最主要的经济竞争对手不同，美
国在 1917 年参战之前完全没有或者仅间接地受到第一次世界大
战后果的影响。而且经此一役，美国开始向以前一直由英国主
导的拉丁美洲市场进军。第一次世界大战结束后，美国最终确

立了自己作为主要经济大国的地位，但在政治上仍然坚持其传统的孤立主义。尽管在 1920—1921 年遭遇了严重的经济危机，但它很快就克服了。

而这一切，更是展示出经济在经历严重衰退后自我修复的能力。

20 世纪 20 年代，美国繁荣昌盛，社会生产取得了巨大的进步，其中全球公认的代表人物是汽车制造商亨利·福特（Henry Ford）。他不仅致力于提高生产效率，还向他的工人支付了高额的工资，以至于他们自己也能够买得起汽车。事实上，美国的汽车化程度远远高于世界其他地方，被视为美国现代化和资本主义的显著标志，广大民众阶层都能够分享到好处。其他行业也在扩张，特别是化学和电气技术这两个所谓的第二次工业革命的关键领域。20 世纪 20 年代，美国的城市中已经出现大规模消费，而在西欧国家直到第二次世界大战后才有这种现象。美国各地还建造了大量的高楼，欧洲游客在曼哈顿的高楼大厦或芝加哥的工厂建筑群中行走时，经常惊讶不已。

可以这么说，如果有一个确凿的证据表明资本主义是有效的，那这个证据就是美国。

这种信仰也体现在纽约证券交易所里不断上涨的股价以及 20 世纪 20 年代后期广泛蔓延的投机热潮上。在 1926 年到 1929 年期间，道琼斯股票指数翻了一番以上。尽管到 1929 年只有总人口的 2.5% 拥有股票，但这比当时其他地方要多得多。投机不再是一小部分人从事的事业，部分城市中产阶级和农村人口也试图从股价上涨中获利。1928 年是经济发展的又一个高峰，美联储自年初以来就已经看到了纽约证券泡沫的明显迹象，有时甚至在游轮上和其他通常不会交易股票的地方也发生了股票交易。春季，美联储决定通过更为严格的货币政策遏制这种投机，并引导资本流向更具生产性的目标，但米尔顿·弗里德曼和安娜·J. 施瓦茨认为这是美联储的第一个重大错误。他们觉得，美联储在随后的几年中也实施了过于严格的货币政策，因此对危机严重程度和持续时间负有重要责任。

直到 1929 年，美国政治都是由沃伦·哈定（Warren Harding）和卡尔文·柯立芝（Calvin Coolidge）这两位相对软弱或至少不太突出的总统领导。这两位共和党人主要推崇市场经济的解决方案，对于通过组织协商的方式解决资本与劳工之间的冲突几乎没有什么兴趣。20 世纪 20 年代也是一个市场自由主义和工会弱势的时代。在这两位总统的任期内，经济部长都是赫伯特·胡佛（Herbert Hoover），他在 1928 年击败民主党人阿尔·史密斯（Al Smith）赢得了总统大选。胡佛在第一次世界大战期间因对被德国占领的比利时人民组织食品供应而赢得了近乎传奇般的声誉。他完全了解在危机时期对经济进行调控的必要性，但他主要还是推行自愿合作的解决方案，即大公司应根据当前的经济形势协调它们的行动。那时还没有真正意义上的国家经济政策。不仅仅是政治上如此，当时的经济学也主要是研究实验性的方案，相对较少关注危机具体干预的问题。

尽管整体经济发展积极，但有一个行业在20世纪20年代就已经面临着巨大的危机，并在大萧条期间发展成为一个特别令人担忧的问题，那就是农业。当时美国仍然有四分之一的就业人口从事这个行业，它主要面临着巨大的农产品价格压力。这一方面是由全球市场的发展趋势导致，即最主要的农产品价格在20世纪20年代下跌。其中一个重要的原因是第一次世界大战导致了许多外围国家的农业生产量增加，因为作为竞争对手的交战国在很大程度上退出了国际市场，或者是产生了更大的需求。农产品价格压力还与美国农业不断发展的现代化进程有关，尤其是与机械化、机动车的使用以及耕地面积的增加有关。这主要发生在当时美国西部尚未充分开发的州，那里的生产成本通常比东部相对较小的农场平均要低得多。这种农产品价格压力导致许多农场债台高筑，或者无法偿还贷款。

尽管存在这些问题，但总体上来说，20世纪20年代美国的经济发展非常活跃，这使得随后发生的危机和相关的经济衰退显得尤为严重。这次危机的明显开端是1929年10月底相继发生的几次股市崩盘。人们经常使用的"黑色星期五"一词在某种程度上有些误导，因为股票价格在连续几个交易日都大幅下跌，特别是在"黑色星期一"和"黑色星期二"（1929年10月28日和29日）。在这期间，银行、公司，特别是投资信托（在20世纪20年代成立的投机性基金）损失惨重，而大纽约银行迅速采取的稳定措施基本上无效。普通民众也受到了严重打击，一些人在几天内失去了全部积蓄。关于大萧条，传说有许多人由于在华尔街投资失败而自杀，但统计数据并不支持这一说法。

图5：1920年1月1日—1939年5月1日美国的生产指数（2007=100）①

人们对于股市崩盘的原因进行了大量讨论。大多数历史学

---

① 美联储经济数据库，URL: http://research.stlouisfed.org/fred2/series/INDPRO（17.6.2014）。

家认为，20世纪20年代下半叶的投机狂潮造成了一场投机泡沫，最终导致了崩盘。随后出现了严重的经济衰退，不仅影响了工业，还影响到了农业。于是人们看到，在之前的经济景气时期，许多商业模式的基础都是不可靠的，比如一些投资信托公司的破产尤其引人注目，它们以前有些以保证盈利为广告手段。在备受关注的法庭诉讼中，一些这类公司的领导人被控告。然而，值得指出的是，股市崩盘只是危机的开端，接下来出现了通缩趋势，然后逐渐演变成了众所周知的"大萧条"。

这首先与企业和消费者在这一震惊性事件之后失去信心有关。工业生产在1929年最后四个月已经下降了大约五分之一。尤其是作为20世纪20年代经济繁荣的典型代表的汽车销量下降幅度很大。这导致人们在20世纪30年代产生了一种观点，即资本主义的结构性问题之一源于公众对耐用消费品的需求在将来某个时刻会被全部满足的预期，在那之后，经济就会遭遇结构性的需求疲软。佛罗里达州房地产业的危机尤其具有象征意义，其泡沫在1926年就已经破裂。然而，第二次世界大战后的发展表明，对汽车、房屋和基础设施的需求都不容易满足。我们看到，在危机中，几乎没有一个行业像汽车工业那样受到如此严重的打击：到1932年，美国的汽车产量仅相当于1929年的四分之一。

除了工业部门外，农产品价格的急剧下跌不仅加剧了美国农业的问题，而且让农村人口的生活陷入了严重的苦难。因此，联邦政府的政策优先支持农业部门，但选择的方法总的来说没有起到任何作用。换句话说，在全球经济危机和美国"新政"仍然存在争议的历史中，没有什么措施像斯穆特 - 霍利关税法案（Smoot-Hawley-Tariffs）那样得到一致的负面评价。该法案于1930年6月经过长时间的准备后由国会通过，包括大幅提高对所有主要农产品征收的进口关税。胡佛总统（至少在他后来的回忆录中声称）出于经济政策的考虑反对过这项法案，据称尽管存在疑虑，他还是签署了该法案，因为他不想冒与国会产生冲突的风险。

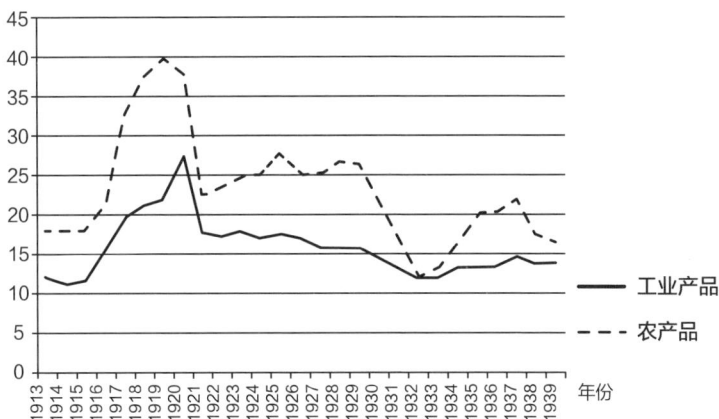

图6：1931—1939年美国大宗贸易和消费者价格指数（1982=100）

斯穆特 - 霍利关税法案并未改善美国农民的境况，其对外交和外贸的影响甚至是灾难性的。许多国家在这项法案的准备阶段就采取了贸易"报复措施"作为回应，因为这是全球最重要的经济体发出的一个信号，即美国不打算通过合作，而是通过牺牲其他国家的利益来解决问题。正如凯恩斯所说，各国采取的是一种"使邻国贫困"的政策，即试图通过牺牲其他国家来改善自己的处境。

到 1930 年底，危机主要波及的是农业和工业部门。从那时起，银行业岌岌可危的发展态势对危机进一步加剧造成了决定性影响。美国实行的"单一银行法"（unit banking law）阻碍了跨地区的大型银行集团的形成。除了一些引人瞩目的破产案件，例如 1931 年初存放了众多移民的积蓄的美国纽约银行倒闭，还有许多较小的地区性银行在一波接一波的破产浪潮中相继倒闭。这是一个逐渐累积的过程，许多银行陷入困境，因为它们向农业或工业生产者发放的贷款无法收回。个别银行的破产引发了其他金融机构的崩溃，其中一个原因是清算，即银行之间债务的结算不再可行。因此，与德国不同，美国最初并不是经历一场大规模的银行危机，而是自 1930 年底以来经历了密集发生的多次危机。在这一过程中，许多公民失去了他们的储蓄，资金从经济往来中被撤走，从而进一步加剧了经济中原本就已经存在的严重通缩趋势。

那时，美国仍然坚持金本位制，并且拥有世界上最大的黄金储备，远远超过第二名的法国。美联储（FED）当时仍然是几家地区中央银行的联合体，虽然它通过降低基准利率回应危机，以提供资金用于投资。然而，美国的经济状况非常糟糕，以至于几乎没有人利用这种信贷机会，所以这一举措几乎没有什么效果。此外，美联储董事会普遍认为，在危机面前应该实行谨慎的货币政策。1931年秋季，为了应对英国退出金本位体系的情况，美国甚至明显提高了贴现率。更重要的是，在1932年春季之前，美联储基本上没有选择"公开市场操作"以临时增加货币供应。在这些交易中，美联储购买了由银行发行的债券，从而积极扩大了流通中的货币供应量，而无须（像在基准利率交易中那样）依赖于第三方对贷款的需求增加。

尽管后世的历史研究对于大萧条中银行倒闭的浪潮和美联储的被动态度在多大程度上能解释危机的持续时间和严重程度存在争议，但这种做法在当时无疑加剧了通货紧缩的趋势。根据米尔顿·弗里德曼和安娜·J.施瓦茨的说法，1929年至1933年间美国的货币供应减少了超过30%。美国庞大的国内市场本可以单独推动经济复苏，但这在很长时间里却没有发生。从他们的货币主义的角度来看，将世界经济危机称为"Great Contraction"，即大规模萎缩，在逻辑上是合理的。然而，无论是"凯恩斯派"还是"货币主义"，两种经济学派都认为美联储未采取扩张性货币政策是导致美国经济危机极为严重和持续时间长的重要原因。这就更加令人遗憾，因为与德国和其他国家相比，美国显然在危机中拥有明确的行动空间（详情请参阅第四章）。

美国政府实际上采取的措施，尤其是斯穆特 - 霍利关税法案，并没有改善状况。相反，在 1931 年和 1932 年，美国的经济状况持续恶化。此外，对于危机的认识也发生了变化，最晚从 1930 年秋季开始，人们普遍认为这不再是一次普通的经济衰退。人们之所以得出这个结论，一部分原因是 1930 年春季经济状况的短暂改善（胡佛总统据此过于乐观地宣布，美国已经度过了最糟糕的时期）被证明只是昙花一现，危机再次加剧。1931 年，美国国内生产总值再次下降了近 1000 亿美元，自危机爆发以来已经萎缩了近三分之一。接下来的 1932 年，危机达到了顶峰，道琼斯指数跌至危机前的五分之一；1200 万人失业，失业率达到 23%。值得注意的是，这一切都发生在几乎没有社会保障的情况下。

许多美国人对国家领导的危机管理感到失望。与之前的少数几位总统一样，赫伯特·胡佛被认为是一位经济专家，这使得许多人对政府的不活跃（至少人们的感受是如此）更加感到惊讶。虽然历史研究目前已经得出了更为合理的判断，并指出胡佛政府其实采取了许多措施来改善经济困境。例如，首次通过了一些创造就业的措施，并启动了公共建设项目。1932 年春季，美联储自经济危机爆发以来首次公开向市场注入了大量资金。然而，这些措施是在危机已经有了扩大迹象之后才姗姗来迟的。政府紧咬着实现预算平衡的目标不放，而这正是美国不向其欧洲债务人做出更多让步的理由。此外，胡佛总统也未能像他的继任者罗斯福那样有效地落实这些措施。胡佛总统更擅长于组织具体的援助计划，而现代化的媒体政策并非他的强项。

对于胡佛总统来说尤为严峻的是，他在公众眼中不仅被视为一位无力应对大萧条的领导人，还直接与危机的具体后果联系在一起。例如，许多地方出现的流浪者聚集地被称为"胡佛村"，他的名字还在许多其他场合被视为大萧条后果的代名词。成千上万的失业者参加所谓的饥饿游行，抗议糟糕的经济状况和政府的无所作为。最后在 1932 年春，"红利军团"（Bonus Army）在首都华盛顿扎营。这是一群第一次世界大战的老兵，他们要求提前支付国家向他们保证的战争补贴，尽管这笔补贴原定于 1945 年才发放。

此次事件中，当地警察局局长在红利军团的营地实施了暴力手段，尽管军团成员此前一直表现得和平且守纪。于是，一场愤怒的浪潮席卷全国。到此时显而易见的是，胡佛在 1932 年秋天的选举中很可能会败选，人们越来越多地看到他疲乏的样子。

胡佛的竞争对手富兰克林·D. 罗斯福（人们通常将他简称

为 FDR ) 出身于一个富裕的纽约家庭，接受的是经典的上层阶级教育。在第一次世界大战之前，他就已经开始了政治活动，但 1921 年患上的脊髓灰质炎让他行动非常不便，他必须坐在轮椅上，或者在竞选活动中依靠金属支架才能站立。尽管如此，他仍然成功地在 1932 年成为民主党的总统候选人，此前该党自伍德罗·威尔逊 ( Woodrow Wilson ) 以来就再没有产生过总统。1932 年夏天，罗斯福在一次政治演讲中提出了"新政"的口号，这实际上是一个来自赌博界的术语，表示重新洗牌。罗斯福在就职演讲中用自己典型的战争动员的修辞将"新政"称为"武装号召"，而这正是他想要表达的：这是对美国社会契约的革新，即国家承诺积极承担社会福利的责任。

借助这一方案，罗斯福大胜赫伯特·胡佛，成为新一届的美国总统。

## 罗斯福和"新政"

根据当时的宪法，总统选举和实际政府交接之间有一个较长的时间间隔，恰好处于经济危机的顶峰时期。因此，虽然罗斯福从 1932 年秋季就已当选，但他的任期直到第二年春季才开始。在 1931 年底 1932 年初危机加剧的情况下，这一延迟带来了负面影响，即现任总统被视为"瘸子"，其行动能力因此受到额外的限制。在这个过渡时期，罗斯福基本上拒绝与胡佛合作，以避免胡佛在总统任期最后阶段作出的决定影响他日后的行动空间。

正是在这种背景下，罗斯福总统任期的最初一百天显得更卓有成效。正如历史学家后来评价的那样，在这段时间里，尽管民主规则并没有被废除，但罗斯福总统几乎拥有独裁般的权力。在这段时间里，总统和他的党派，即民主党，通过参议院和国会在短时间内通过了此前和此后都从未有过的如此之多的法律和法规。借此传达出的信号是明确的：政府承担起了对社会福祉的责任，不再愿意等待危机"自行燃尽"。

相比胡佛，罗斯福在沟通方面表现出色。他在任职初期启动了所谓的"火炉旁聊天"，即通过无线电向公众发表讲话，以简单易懂的语言解释他所领导的政府采取的措施的意义。正如已经说过的那样，这些措施包括他上任后不久，在应对一次新的银行危机期间，美国于1933年3月实际上放弃了金本位制，随后通过了各种法律，为"新政"机构的建立奠定了基础，同时还借助《格拉斯 - 斯蒂格尔法案》（Glass-Steagal-Act）对银行业进行了有效的监管，它成了迄今为止美国最具影响力的金融法之一。

罗斯福的这些措施肯定不是基于对经济问题的根源及其应对方法的确切认识。他的政策方法都是试验性的，他也公开承认了这一点，他说政府将不断尝试各种措施，直到找到有效的方法。与胡佛总是试图传达的自信态度（这在面对巨大的阻力和强烈抗议的情况下实施他的政策可能也是必要的）相比，罗斯福总算是坦率的。从另一个角度来说，这样的说法也显示出，全球经济危机在短短几年内对先前关于经济如何运作及经济危机如何发展的信念产生了怎样的破坏。

罗斯福在经济学上资历不足，保守派对此一再尖刻嘲讽。比如有传言称，在国家黄金储备被国有化后，罗斯福有时会在浴缸里确定对于全球经济来说极为敏感的黄金价格。然而，罗斯福的实验性方法也与经济学失去合法性有关，因为人们普遍认为在危机中经济学彻底失败了。传为笑谈的还有，著名的美国经济学家欧文·费希尔（Irving Fisher）在 1929 年夏天曾说，华尔街的股市价格已经达到了稳定和持久的高水平。此外，许多经济学家仍然相信经济的自我修复能力和危机的清洗功能，在经历了数年的萧条、贫困、失业和饥饿之后，已经没人想再听到这类观点。正因如此，罗斯福倾向于年轻的经济学家如雷克斯福·塔格威尔（Rexford Tugwell）和雷蒙德·莫利（Raymond Moley）的建议，而他们的观点并不完全符合正统经济学的教义。出乎意料的是，在这个被称为"智囊团"（Brains Trust）的专家团队中，莫利后来成了新政的坚决反对者。新政机构的领导职务很大一部分都是由精英大学的毕业生（特别是哈佛大学和哥伦比亚大学的毕业生）担任，背后的理念可以说是国家派遣最优秀的人才来解决国家的问题。然而，直到现在还普遍抱有的对学术教育的不满在那时就已经存在，而且让非常年轻的常青藤联盟大学的毕业生担任领导职务，肯定无法加强机构的权威。

自1933年夏季以来实施的新政的各项具体措施无法在这里详细讲述。本章仅提供对其最重要的计划和机构设置的概述，以便读者对这届新政府给美国人民的生活产生了怎样深远的影响留下一个印象。

其中一个核心的问题领域是农业。这不仅是因为农民经济状况糟糕，还因为生态问题严重。在20世纪30年代，美国遭遇了可怕的旱灾，加上大规模清除草原植被，最终导致了严重的土壤侵蚀问题。由此产生的沙尘暴摧毁了全部的庄稼，席卷了无数的村庄和城市。许多农民由于经济困境和土壤侵蚀问题被迫向美国西部迁移（特别是从俄克拉荷马州迁移到加利福尼亚州），在那里重新建立生活。摄影师多萝西亚·兰格用令人印象深刻的影像反映了迁移带来的严重社会后果，在她的作品中，土壤侵蚀与社会侵蚀并列，在很大程度上塑造了大萧条在集体记忆中留下的印象。

这些错综复杂的问题使得农业理所当然地成了新政府危机政策的重要焦点，其基础是1933年5月实施的《农业调整法案》

（*Agricultural Adjustment Act*，简称 AAA）。根据这项法案，政府成立了一个新的机构来调节农产品价格和数量，此后大幅增加对农业的支出，向农民提供援助并保证最低农产品价格。但总的来说，《农业调整法案》并不是"新政"的成功案例之一。首先，为了抬高农产品的价格，政府采取了部分有争议的措施，比如为销毁农产品支付奖励金。这在经常挨饿并且要排队领取食物的人群中引起了极大的愤慨。特别是 1933 年 8 月后大规模屠杀幼猪的做法引发了广泛争议。此外，尽管农产品的价格水平在某种程度上得以稳定，但许多措施不足以有效缓解农业面临的严重经济压力和生态压力。美国农业经历了痛苦的调整过程，直到第二次世界大战才得以明显缓解。

"新政"的第二个核心组成部分是基于 1933 年 6 月颁布的《国家工业复苏法案》（*National Industrial Recovery Act*，简称 NIRA）设立的国家复苏署（National Recovery Agency，简称 NRA）。然而几乎没有第二个新政机构像国家复苏署那样在民众中广受争议。原因之一是，有些措施似乎与同时期纳粹德国实施的措施非常接近。国家复苏署的主要目标是通过实施更高的工资和物价来对抗经济通货紧缩的趋势，并实现资本与劳动力之间新的平衡。在这个过程中，特定行业的雇主和工会之间达成了最低价格和工资的协议，并减少了平均工作时间。参与制订这种协议的企业和商店被允许使用一个特定的标志，即刻有"我们尽我们的一份力量"（We do our part）的"蓝鹰"（Blue Eagle）图案。

国家复苏署从一开始就面临着巨大的困难。例如，它的第一任领导人休·塞缪尔·约翰逊（Hugh Samuel Johnson）将军有严重的酗酒问题，有时干脆几天不露面，最终在1934年8月底罗斯福总统迫使他辞职。为了让各个工业部门都参与进来，需要进行漫长而艰难的谈判，许多行业根本就无法达成一致。例如，亨利·福特（Henry Ford）就公开强烈反对这种做法，并拒绝签署这样的协议。而到了1935年5月，国家复苏署的命运也走到了终点：一家纽约的屠宰场在最高法院面前提起诉讼，最高法院裁定国家复苏署违宪。在随后的多个判决中，同样的命运也发生在《农业调整法案》和其他措施身上。

总体而言，创造就业的措施和公共建设项目相比更为成功，而且在公众中也享有更高的声誉。1935年成立的工程进展管理局（Works Progress Administration，简称WPA）迅速发展成为最大的新政机构，并为公共工程项目提供资金，同时还资助作家、乐团和图书馆。较早之前成立的田纳西河流谷管理局（Tennessee Valley Authority，简称TVA）自1933年开始负责大型水坝项目，为经济困难的田纳西地区提供电力。其实在胡佛政府时期已经开始了许多这类项目，而罗斯福政府通过增加资金投入使它们得以继续推进。

　　在严重的经济危机中，许多国家面临的主要困难之一是青年男性的失业问题。这不仅仅是因为精力充沛的年轻人无所事事可能导致违法犯罪行为或社会动乱，更是因为失业具有社会破坏效应。因此，民间保卫队（Civilian Conservation Corps，简称 CCC）的设立旨在"重新社会化"青年男性，让他们从事对社会有益的工作。这似乎也与纳粹德国的情况有些类似，后者设立了类似的组织——国家劳动服务局（Reichsarbeitsdienst），不过其工作强度、强制性和军事化管理要极端得多。

　　在历史研究中，仍然存在对"新政"影响的激烈争议。从经济角度来看，对它的评估是毁誉参半的。尽管 1933 年后，美国经济分别在 1934 年和 1935 年以每年 14% 的强劲增长率复苏，但这是从一个极低的起点开始的。失业率仍然非常高——1935 年仍有 750 万美国人没有工作。此外，对于具体的"新政"措施如国家复苏署真正对经济产生了多大正面影响仍然存疑。毫无疑问，这些措施提高了物价和工资，但正如克里斯蒂娜·罗默（Christina Romer）指出的那样，它们也进一步加重了大量还在失业的人们的负担。而且私立部门的投资活动恢复得很慢。美元贬值和货币供应增加，伴随着全球经济的普遍上升趋势，很有可能这才是经济相对复苏的主要原因。

　　美国的国内政治气氛仍然紧张，大萧条期间涌现出试图通过激进的提案从危机中获利的政治人物,其中可能最特立独行的人物是被称为"王鱼"("Kingfish")的休伊·隆(Huey Long)。休伊·隆在 20 世纪 20 年代末以其民粹主义手段和出色的演讲才能先是成了美国东南部路易斯安那州的州长,后来又当选为这个州的民主党参议员。如果说一开始他还与罗斯福保持一致,那在罗斯福上台后不久,他就开始与总统产生越来越多的分歧,并在许多公开场合和参议院中大声表达自己的异议。1936 年,他计划作为独立候选人参加总统选举。他的政治纲领包括一个要求重新分配财产的激进计划,名为"分享我们的财富"(Share our Wealth),因为这对民主党的重要选民群体相当有吸引力,他本来有可能阻止罗斯福在 1936 年连任。

最后,这一切并没有发生,因为 1935 年夏天他在大街上被一名大学生枪杀。

休伊·隆并不是那个时期唯一的民粹主义者。另一个是天主教神父查尔斯·科夫林(Father Coughlin),他通过广播发表高度情绪化的讲话,并将社会议程与反犹太主义言论结合在一起。在由他领导的一个运动中,他通过一名傀儡候选人参加 1936 年的选举,但并未取得显著成功。他领导的其他运动均关注农民或退休人员的处境。然而,这些社会运动没有一个能够严重威胁美国的民主制度,甚至无法暂时动摇共和党和民主党的主导地位。

被称为"第一波新政"的许多措施被最高法院判为违宪，而且经济界对罗斯福的政策频繁地展开猛烈的抨击，这些导致罗斯福的政治观念自 1935 年以来开始明显左转。这一转变首先表现为对上层社会的尖锐言辞，罗斯福指责他们只关注自身利益而非国家利益。此外还包括提高对高收入者的征税，以及在 1935 年 7 月通过了首次确定工会在工资谈判中作为平等谈判伙伴地位的《瓦格纳法案》（Wagner Act）。这些举措在选举中发挥了作用——罗斯福在 1936 年秋季以巨大优势实现连任，后来总共连任三次，成为 20 世纪美国任期最长的总统。

1936 年，经济看起来似乎在持续复苏。然而，从 1937 年夏季开始，为了实现财政平衡，政府支出计划明显减少，由此可见当时的经济复苏实际上建立在十分脆弱的基础上。这些削减措施再加上美联储再次实施的货币紧缩政策，共同导致了一场历史上极为严重的经济衰退，被称为"罗斯福大萧条"。这不仅表明这位总统并未坚持由国家持续提供经济支持的理想，更重要的是揭示了经济复苏在 20 世纪 30 年代中期仍然非常脆弱的事实。

这场经济衰退迫使政府迅速调转方向，重新增加政府支出。因此，许多保守派的批评者所关注的预算平衡问题不再受到理会。但与第二次世界大战期间相比，美国在这段时间内的预算赤字应该还相对较小，因为当时美国不仅自行承担了军备建设费用，还通过"租借法案"部分地补贴了英国的军备开支。1939年，第二次世界大战爆发，这一年通常被认为这次经济危机的结束之年，尽管这场危机在美国比许多其他国家的持续时间更长。军备建设在20世纪40年代初期带来了巨大的经济增长，几乎实现了全员就业，它对美国西部地区的经济发展和工业化起到了重要作用，解决了20世纪30年代最困扰政府的社会问题。

　　然而在某种程度上而言，美国甚至从这场危机的长期持续中受益，因为这迫使公司进行大规模的成本削减、采取合理化措施并进行结构调整。这些举措提高了美国整体的经济生产力，远远超过了英国和其他工业国家。技术史学家亚历山大·J. 菲尔德（Alexander J. Field）将20世纪30年代称为"大跃进"时期（Great leap forward）和20世纪"技术上最进步的十年"。这或许表明，危机从长期来看可以对一个经济体产生积极的影响，当然这种说法显然不具普遍适用性。

## 美国经济危机对全球经济的影响

　　米尔顿·弗里德曼和安娜·J. 施瓦茨将货币供应紧缩视为解释大萧条的主要因素，他们的这一观点被反对者指责只关注美国国内的经济情况。一方面来说，这些批评显得非常合理，但另一方面，许多全球经济问题确实是由美国的经济状况引发的。例如，美国的衰弱导致了对农产品和原材料的需求急剧下降，这尤为影响了许多依赖于进出口体系的拉丁美洲经济体。所谓进出口体系也就是一种经济分工关系，这些拉丁美洲经济体出口原材料和农产品，进口机械设备和成品。

在美国的经济危机对全球经济造成的影响中，有两个尤为严重。一是出于多种原因导致美国对进口货物的需求迅速下降。工业生产的减少导致了对之前从国外采购原材料需求的减少。例如对铜和硝酸盐需求的急剧下降导致智利经历了所有拉丁美洲国家中最严重的经济衰退。另一个例子是新加坡，其经济的繁荣主要依赖于为美国汽车工业提供橡胶和锡。总体而言，美国通过斯穆特 - 霍利关税法案和其他措施封闭了其国内市场，从而使其他国家难以维持具备一定盈利能力的出口贸易。就算罗斯福确实持有自由贸易的理想，美国经济对外隔离的情况在他的政府领导下一开始鲜有改变。直到 1933 年开始发生的严重干旱才迫使美国不得不进口玉米和其他农产品，以满足国内需求。而从 1934 年开始，罗斯福才通过《互惠贸易协定》迈出了与世界经济关系正常化的一步，但这最终只是杯水车薪。

第二个致命的影响是，美国在 20 世纪 20 年代在欧洲和拉丁美洲的经济中大规模地充当了债权人的角色。在危机进程中，这些资金逐渐被撤回，许多经济体由于出口下降而不再具备支付到期利息的能力。因此，除阿根廷以外，所有拉丁美洲国家在危机期间不得不宣布自己无还债能力。对于许多欧洲国家来说，后果同样严重，尤其是对德国影响最大。德国经济在1924年稳定货币后的复苏主要依赖于美国资本的注入。美国资本的撤出特别是在金汇兑本位制的条件下导致了通货紧缩效应，相关内容在有关货币体系的章节中已经有所描述。

一方面，美国的经济民族主义无疑是在困境中诞生的，是对国家危机状况的一种反应。另一方面，我们完全可以赞同美国经济学家查尔斯·金德尔伯格的观点，他在危机中看到了美国未能履行作为全球最主要经济体的全球政治责任。例如，早在20世纪20年代，美国政府始终拒绝承认协约国战争债务与德国赔款之间的关联。1929年，美国政府还禁止了奥文·D. 杨（Owen D. Young）在以他命名的赔款偿还计划谈判中将盟国的战争债务纳入谈判内容。尽管胡佛在1931年夏季针对这个问题提出了债务缓期支付的解决方案，但首先这一提议为时已晚，其次，当时在可预见的将来收回这些债务的希望本就非常渺茫。

这并不一定表明美国政府洞见到了罗斯福领导下的外交或外贸行动不总是明智的，有的甚至对克服危机起到了反作用。其中最受争议的是罗斯福的"炸弹信息"，即他在1933年6月宣布美元大幅贬值，并拒绝参加伦敦举行的世界经济会议，因为他认为会议中讨论的货币合作计划将限制美国克服危机的行动空间。对他这种做法的看法褒贬不一。我们也可以认为罗斯福是对的，这种简单粗暴的做法至少可以质疑传统的国家利益政策。这样做之所以合理，也有可能是人们有理由怀疑，这些尤其是由英国方面提出的建议主要是战术性的"辩论游戏"（Geplänkel）。然而，这并不能改变美国在新总统领导下没有展示出无私行为的事实。

这在货币政策领域可能表现得最为明显。1933 年 3 月，美国放弃了金本位制度。然而，不久之后，它开始国有化黄金储备，并在极其受限的外贸和资本流动条件下，以及在国内对持有黄金的制裁下，启动了一种货币金属支持形式。从 1933 年夏季开始，美元经历了多次逐步贬值，金德尔伯格认为这些贬值通过通货再膨胀效应改善了美国经济状况，但对于稳定世界经济关系却毫无贡献。主要原因是政府由于本身也不确定，因而并未公布贬值结束的具体时间。最终，美元汇率值于 1934 年 1 月稳定在原始金平价的 59%。在此之前，美元的持续贬值导致了全球经济的极大不安。

1934 年 6 月颁布的《银购买法案》也轰动一时，因为这意味着美国政府决定同时国有化银库存，并将其用作货币储备。这项措施的主要目标是平息在美国具有政治影响力的"银矿区"的声音。一些政治人物尤其是一些农业游说团体的代表，认为美国货币的金本位制度是农业部门产生危机的根本原因。最晚自 19 世纪 90 年代银币失去货币地位以来，这些团体一直将金本位制视为华尔街的利益工具。他们呼吁转向银本位制或双金属制度，因为购买银的行动能使贵金属价格大幅上涨，并将危机"输出"到中国——中国此前因银价相对金价下跌以及随之而来的轻微通货膨胀而受益。1934 年，上海出现金融危机，迫使中国于一年后放弃了银本位制度。这不仅带来了经济上的后果，还在政治上造成了重大影响，蒋介石领导的国民政府因此失去了其权威的重要支柱。

这个例子很好地展示了，在胡佛和罗斯福时期，出于自身利益，都同等程度地存在着经济民族主义的倾向，在美国经济危机背景下，这从国内政治的角度被视为几乎不可避免。然而，美国从中学到了（至少在当时学到了）全球经济劳动分工的有效运作对美国也是有利的，第二次世界大战后的政治正是决策基于这样的认识。

## 有争议的危机政策和"新政"

美国政府在全球经济危机期间采取的措施从一开始就引发了公众的严厉批评。一些人抱怨国家无所作为，而另一些人则认为胡佛的行政干预相对来说过于保守。例如，银行家和当时的财政部部长安德鲁·梅隆（Andrew Mellon）建议胡佛，对抗危机的最佳方案就是简单地让市场自行运作，并淘汰所有那些在萧条时期被证明没有生存能力的企业。像梅隆一样，许多保守派的观察家也将危机视为一次重建政府信用的机会：少投机，少消费，多工作，并更好地规划生活。

但第二次世界大战后的大部分历史学家们都不赞同这种观点，一再指出胡佛在危机中的无所作为和失败，认为他没有及时或根本未能意识到大萧条的历史性意义，因此未能采取有效的危机应对措施。尽管新近的研究指出胡佛绝非无所作为，而是启动了许多工程项目和其他逆周期的经济措施，但这些研究最终也没有改变这一看法。不仅仅是这些措施的范围有限，而且不应该对国家财政造成过大的负担，此外胡佛也未能向公众有效传达这些措施施行的意义，从而没能帮助大家摆脱萧条时期的恐慌情绪。

自 1933 年春季以来，罗斯福政府的行动主义与胡佛的"无所作为"一样备受争议。当时就已经有许多商人对其进行了尖锐的有时甚至是歇斯底里的批评，他们认为自己作为资本家的创造性自由受到了限制。历史学家金·菲利普斯 - 费恩（Kim Philips-Fein）认为，杜邦家族（DuPont）和其他人发起的反对"新政"的抗议甚至是现代美国保守主义的核心，她认为这种保守主义的特征是将激进的经济自由主义与保守的价值观（如家庭、自由拥有枪支等）相结合。

即使是许多原则性支持者也承认，"新政"的中心弱点从一开始就是其在经济上并不太能够很好地起作用。虽然美国经济在 1934 年和 1935 年分别出现了强劲增长，不过正如前面提过的那样，在评估过程中必须考虑到起始水平很低这一点——尽管失业率有所下降，但到 1935 年失业人口仍然高达 750 万。此外，也很难说新政机构的措施特别是《农业调整法案》和国家复苏署对经济复苏做出了多大贡献。许多措施，特别是在农业领域，可能甚至起到了相反的作用。其中尤其引人关注的是罗斯福的税收政策，特别是在"第一次新政"期间，该政策包括降低直接税收，同时大幅增加消费税。显然，这样的措施并不一定适合用来刺激私人消费。对复苏更为重要的可能主要是全球经济形势的总体改善，以及通过宽松的货币政策缓解了通货紧缩的压力。尤其是这场经济危机在美国持久地存在，并不一定有利于证明罗斯福政府的干预主义的有效性。

　　显然，经济政策的影响并不是用来评估"新政"的唯一标准。毕竟，罗斯福在 1936 年以压倒性优势再次当选，保守派批评者所抱怨的他在选举期间向所谓的"摇摆州"重新分配公共资金并不足以作为连任的解释。至少，罗斯福成功地鼓舞了这个陷入危机恐慌的国家，并传达了国家终于采取行动应对危机的印象（这一点不容小觑，例如考虑到德国帝国政府在全球经济危机期间在与民众沟通上的"失败"）。还需注意的是，危机不仅在公众中造成了深刻的不安，也让经济学界基本上束手无策。

历史研究中长期以来对"新政"的积极评价强调了这一点。但这种观点部分地受到了本身曾在"新政"政府中工作过的倡导者的影响。其中最有影响力之一的是亚瑟·J.施莱辛格（Arthur J. Schlesinger）的三卷本《罗斯福传记》，他是历史学家，并且数十年来一直是民主党最具影响力的顾问之一。施莱辛格等人认为，新政在经济上的成功并不一定是关键性的，更重要的是，罗斯福主动反抗危机的战略拯救了美国资本主义，并阻止了社会主义或法西斯主义的篡权。

最近开始出现对新政更加批判性的评价，这与美国的政治右翼发现可以将其作为具有历史政治意义的讨论对象有关。以"新政"为例可以讨论当今最为重要的基本问题：国家是应该干预经济呢，还是最好置身事外？如果干预，哪些措施有意义？哪些不行？对个人的政治和经济自由可以干涉到哪个程度？或者换句话说，国家行为的边界在哪里？然而这些问题具有时效性，所以相关研究工作的历史学价值并不高。例如，像罗伯特·富尔索姆（Robert Fulsom）的《新政还是诡计？》（New Deal or Raw Deal?）或詹姆斯·鲍威尔（James Powell）的《罗斯福的愚行》（FDR's Folly）这些在过去十年出版的书籍，从书名中就可以看出这些作品并没有力求客观地审视这段历史。恰恰相反，这些作品是对国家干预主义和"大政府"的总体清算，不仅将其指责为危机的根源，更认为其应当为克服危机的速度如此缓慢负责。总体而言，新政彻底改变了美国经济政策的格局，正因如此，自由主义者对其进行了如此激烈的抨击，以至于他们认为"新政"在某种程度上是干预主义经济政策的罪恶之源。

新政之所以引发争议，不仅是因为其经济后果。早在1929年后，美国民众就十分关注大萧条是否会导致类似法西斯主义或国家社会主义的篡权和独裁这一重大主题。尽管美国没有出现法西斯主义的大规模运动，但这些担忧并非没有道理。1935年，作家辛克莱尔·刘易斯（Sinclair Lewis）出版了一本名为《这里不会发生》（*It can't happen here*）的畅销书，书中探讨了这些担忧。尽管许多人对新政措施心怀感激，因为这些措施明确表明国家和政府面对大萧条不再无动于衷，但与此同时，有人认为这些措施与纳粹德国同时期采取的措施相似，这令许多观察者对其持怀疑态度，尤其是"蓝鹰"运动在其政治宣传特性上被认为与纳粹德国帝国的做法相差不大。

在这里必须指出的是，纳粹德国和美国的危机应对策略显然有着明显的不同：纳粹主义者致力于通过扩大货币供应同时压低劳动成本来取得暂时的成功，而美国则试图通过提高工资和产品价格来应对通货紧缩的问题。此外，罗斯福政府在新官上任的头一百天内暂停民主监控机制的尝试经常被夸大。两者的相似之处是它们都在公众中树立了危机斗士的形象。文化历史学家沃尔夫冈·席维尔布什（Wolfgang Schivelbusch）在几年前正确地指出了这一点，尽管他对经济危机的发展背景并不太清楚。可以肯定的是，全球经济危机对国家的行动能力构成了巨大的挑战，在许多地区至少在表面上都导致了类似的应对反应。

## 第四节  危机在法国

### 法国和金本位区迟到的危机

世界经济危机在法国的发展历程非同寻常。最初，这场危机似乎完全避开了法国，以至于即使是敏锐的观察者也将这场危机视为一个幻象。1930 年夏季，当德国和美国的失业人数已经达到令人担忧的程度时，法国老佛爷百货公司（Galeries Lafayette）的创始人泰奥菲尔·巴德（Théophile Bader）还在法国保守派日报《巴黎回声报》上写道：

> 没有危机，危机根本不存在。这只是一个幻象，是那些无能和永远不满足的人捏造出来的，他们太乐于为自己的抱怨和相互推卸责任找借口。[1]

---

[1]  摘自 1930 年 7 月 2 日的《巴黎回声报》。

即便是一年后，当德国、英国和美国的经济已经深陷危机之中，法国经济仍然只出现了轻微的失业率上升。工业生产和国内生产总值虽然有所下降，但明显轻于在美国和德国的情况。正如 1969 年法国经济历史学家阿尔弗雷德·索维（Alfred Sauvy）所表达的那样，法国似乎是一个"幸福岛"。然而，当国外在 1932 年和 1933 年到达经济低谷，并且在德国甚至可见复苏迹象之际，法国危机却持续到第二次世界大战爆发前。法国更长时间地陷于严重的经济结构问题之中，并且国内政治持续紧张。尽管全球经济危机较晚波及法国，并且影响较为平和（尤其是在失业人数方面受到的影响相对较轻），但这场危机却像一场长期危机一样顽固，直到第二次世界大战后才真正被克服。直到第二次世界大战爆发时，法国经济都未能恢复到 1929 年的生产水平。

可能没有第二个国家像法国一样，经济危机如此明显地归因于经济政策上的错误决策。长期以来经济历史研究的主流观点是，法国长期固守金本位制度导致了危机迟迟得不到解决，并使得国际经济的复苏趋势完全未能帮到法国。最晚从 1931 年英镑贬值和 1933 年美元贬值开始，"彭加勒法郎"被价值低估的优势在一夜之间变成了结构性高估的劣势，而法国政党之间常见的内讧导致他们对此的清醒认识来得太晚，因而采取行动太迟。在新近的经济史研究讨论中，这种单一归因于货币政策的解释逐渐受到质疑，并在某些方面得到了修正。毫无疑问，在法国的危机历史中，货币政策的影响比在其他国家更为重要。即使是在法国，仅凭这一点也不足以提供充分的解释危机：只有在法国经济的结构危机、国家债务和内政冲突的背景下，英镑和美元贬值后的货币政策困境最终导致了一场公开的经济危机。在法国和在其他国家一样，是现代经济的复杂性及其相互关联的结构，才使得危机像连锁反应一样逐步升级。

### 起始状况：第一次世界大战后的法国经济

　　与德国和美国迅速展开的工业化进程相比，法国经济在19世纪的增长较为缓慢。第二次工业化的经济结构推动对法国经济的影响很有限，因此到了第一次世界大战爆发时，法国的经济结构仍然以农业为主，而其在纺织工业特别是丝绸制品和其他奢侈品生产以及在钢铁生产、机械制造和部分消费品制造等特定领域，也有着非常高效的工业核心。

　　法国工业现代化的特点之一是其异常低的人口增长率。19世纪初，法国人口接近3000万，仍然算得上是欧洲大国中人口最多的国家之一，但到了该世纪末，法国的人口规模就被所有的其他欧洲国家超过。德国的人口在1870年到1913年间的年增长率达到了1.18%，在第一次世界大战前拥有了足足6500

万人口。美国人口由于大量的欧洲移民（几乎没有来自法国的移民）每年增长率甚至达到了 2%。相比之下，法国的人口每年仅增长了 0.18%，到第一次世界大战爆发时，仅不到 4000 万人。增长缓慢的人口也导致法国的经济发展完全可以跟上其他国家的步伐，并使其在第一次世界大战前一如既往地属于欧洲最富裕的国家之一。

欧洲各国之间人口的差异在 20 世纪继续扩大。法国在第一次世界大战中死亡人数达 140 万，因此是这次战争中损失人口最多的国家之一，尽管战后增加了阿尔萨斯和洛林地区的 170 万居民，法国的人口仍然比战前少。低出生率和随之而来的人口减少趋势在 1920 年还继续存在，只是因为有来自外国的移民（其中部分来自法国殖民地）才保持住了一个低的人口增长率水平。在全球经济危机爆发时，有 4100 万人生活在法国，其中有足足 250 万居民（约 7%）是外国人。

尽管人口增长停滞，农业又因为主要发生在法国境内的阵地战遭受了严重的损失，法国经济还是相对迅速地从战争破坏中恢复过来——战争期间，法国 8% 的产能被摧毁，战争经费占 1913 年法国国内生产总值的四分之一。

但法国经济在极短的时间内成功消除了直接的战争后果。到 1925 年，法国北部的所有阵地战战场已经重新用于农业生产；自 1924 年以来，法国通过接管萨尔州的煤矿，使得煤炭产量超过了第一次世界大战前的水平，截至1931年又增加了足足四分之一的产能；洛林和阿尔萨斯地区的钢铁生产也显著扩大。总之，到1931年，法国的工业生产总值比1913年增长了40%，机械制造业的产能更是增长了57%。第一次世界大战后的法国经济恢复和紧接着的重建过程促进了经济繁荣，这种繁荣在社会中的许多方面都能被感受到。1919年至1931年间，法国的国内生产总值增长了30%，经济似乎从第一次世界大战中迅速地恢复过来，尤其是低失业率使广大民众能够共享繁荣。

然而，20世纪20年代的繁荣也显露出一些裂痕。特别是在早期的经济历史文献中，经常强调法国在重建过程中未能充分利用机会重新组织生产，而是将工业恢复成了跟第一次世界大战前一模一样。阿尔弗雷德·索维写道："用旧的方式安装新的设备，实际上法国在一夜之间变老了。"[1]当然，法国也在尝试建立新的工业，成立了两家高产的汽车公司雪铁龙（Citroën）和雷诺（Renault），它们在战间期大幅扩大了生产。莱茵河和罗纳河上还建造了新的水电站，使得法国的工厂和住宅都能用上电能。化学工业作为一个新兴行业在法国发展起来，在战前，这个领域在法国国内也主要是由德国的化学企业占据。如果说法国在第一次世界大战前主要由中小型企业主

---

[1] 引自佛伦（Fohlen）《法国1920到1970》，第109页。

导，那么战后产生了越来越多的国际化大型企业，如德·温德尔（de Wendel）和施耐德（Schneider）。

除了这些蓬勃发展的新兴行业外，还是有许多传统部门仍然深陷在严重的结构性危机中，其中之一是丝绸工业，这是法国工业化历史上的重要专业领域之一。自19世纪末以来，法国在这个领域已不再具备竞争力，而且还面临着害虫带来的严重后果。此外，法国深受全球农业生产过剩问题的影响，因为法国经济的特点仍然是以农业生产为主，许多家庭由于农业收入下降而陷入困境。这些结构性问题自19世纪末起就在法国逐渐显现，它们在第一次世界大战后的繁荣时期更多地以潜在而非显而易见的方式造成影响。现在，这些结构性问题加上战间期的特殊困难，让法国像其他参战国一样，在第一次世界大战期间大量举债，国债高达1200亿法郎，在1922年这可相当于国内生产总值的156%，其中大部分债务由美国和英国的债权人持有。

如果说各党派的政治精英们最初还沉迷于这样一个幻想，即最终能够借助德国的战争赔款还清债务。随着德国货币的稳定，他们认识到，能靠德国赔款偿还的债务份额大幅减少，债务仍需要靠自己大量的努力来偿还。与其他国家一样，法国的经济政策也面临着巨大的压力，要么通过国内的高通货膨胀，要么通过高税收，来减轻国家的债务负担（或者同时采用两个策略）。这一框架条件也影响了法国的政府行为，使得法国像魏玛共和国一样面临不稳定的政治局面：虽然国家总统的任期较为连续，但政府经常更替。仅在 1926 年到 1936 年之间，法国就经历了 17 位不同的总理执政，他们产生于不断更替的政府。像 1924 年这样的危机年份，法国仅在短短 14 个月内就经历了 7 位财政部部长的更迭。

政治上的不稳定一方面是由法国复杂的政党谱系所决定的，其中，左派和保守派分裂成多个彼此水火不容的单一党派，这些党派的社会支持群体也存在差异。另一方面，经济政策本身也成为政治斗争的焦点，其中尤其是货币政策成为中心争议点。

### 法郎的稳定以及战间期的货币政策

第一次世界大战后，法国面临的最紧迫经济问题之一是法郎对外价值的剧烈波动。与其他主要国家一样，法国也在战争爆发时暂停了法郎对黄金的兑换，导致该货币相对于黄金以及其他货币的对外价值都出现了波动。与英镑和美元相比，法郎的价值在这个时期大幅下跌，反映了法国在这些国家高筑的债台以及弱势的对外贸易，同时也反映了国内货币供应迅速增长的情况。

一些法国工业部门因法郎贬值而受益，其出口商品相比英国和美国的出口商品更便宜。然而，这一状况对法国经济整体而言却构成了负担，因为汇率波动阻碍了外贸以及国外对法国的投资。1924 年"左翼联盟"在选举中的胜利进一步加剧了这种状况。外国投资者对激进社会主义者爱德华·赫里欧（Edouard Herriot）的新政府持怀疑态度，法郎继续大幅贬值。此前，类似于英国，尤其是在保守派内部仍有一些有影响力的力量致力于稳定法郎以期恢复金本位，从而达到与美元和英镑的战前金平价，但最终可以确定的是：这一目标极不现实。

在货币改革和通过道威斯计划以解决赔款问题的背景下，德意志帝国在 1924 年开始使用一种明显贬值的新货币"帝国马克"，而英国则在一年后恢复了对黄金的按照战前平价的兑换制。

随着在国际支付中逐步建立金汇兑本位制（继战前成功的金本位制之后），法国也面临着货币稳定化的问题，但由于国内政治的困局，这个问题一时未能解决。"左翼联盟"政府因卡特尔联盟内各不同左翼党派的极大利益冲突而瓦解，温和的左派自由主义者加斯东·杜梅尔格（Gaston Doymergue）上台担任总统，他在两个议会内阁中都获得了广泛的支持，法国也进入了一个内政相对稳定，尤其是经济上稳定的阶段。

在"左翼联盟"最终瓦解后，杜梅尔格任命保守派政治家雷蒙·彭加勒为总理。彭加勒在第一次世界大战前就已经在法国公众中作为财政政策专家建立了声誉，并在战争期间担任过国家主席。然而，他在 1922 年至 1924 年担任总理期间却采取了民族主义和反德的立场，导致了鲁尔占领事件，并最终因此而下台。与此同时，法国国家财政状况因为法郎持续贬值而进一步恶化。

彭加勒被重新任命为总理后（同时担任了两年的财政部部长），颁布了对于实施经济政策来说亟需的稳定内政措施，直到 1929 年 7 月，已经 69 岁的彭加勒因健康原因辞职，这一稳定局势得以保持。

尽管财政状况紧张，彭加勒依然决定适度扩大国家支出，这使他被一些经济历史学家视为凯恩斯主义的先驱。而且，彭加勒的一项决定被证明影响更为深远：在 1926 年 12 月，他决定将法郎对黄金和美元大幅贬值 80% 以稳定汇率。这次贬值起初并非为了让法郎回归金本位，因为黄金兑换制尚未经正式的货币法案确定，而仅仅是在政治上得到认可。因此，政府先宣布一个汇率，并通过中央银行控制货币供应量和干预外汇市场，以在国际贸易中实现这个汇率。这样，法国"在实际上"实现了法郎贬值和回归金本位制。

除了法国国内仍普遍认为法郎应该回归到战前的金本位制并保持稳定的观点外，促使彭加勒实施这些政策的主要原因是为了通过货币政策减轻法国对外的经济负担。因此，政府下令设置了一个试验期，用来先确定正确的汇率。

事实证明，将法郎固定在战前黄金价值和美元价值的五分之一，并相对英镑而言贬值程度略小一些是很合适的。显然，法郎相对于其他货币的购买力被低估了一些，这使得法国的出口产品尤其是相对于英国商品获得了小幅的价格优势。至于这种价格优势具体有多大，或者是否真的存在价格优势，以及法郎的贬值是否刚好符合法国工业的生产能力，至今在经济史文献中仍存在不同的看法。在早期文献中经常能找到的观点是，法国通过这一货币政策在出口贸易中获得了优势。但巴里·艾肯格林和查尔斯·维普洛斯（Charles Wyplosz）的研究却提出另一种观点：1926年法郎稳定之后，法国的贸易逆差甚至在增长，达到约百亿法郎，即使在全球经济危机期间，当贸易量持续下降，这一逆差也并未消失。

因此，在"彭加勒法郎"的头几年里，并非是出口经济，也并非是借助出口经济实施的货币政策，给法国经济带来了繁荣的景象。这种景象更多是由大量资本流入所引起的，它们为法国带来了真正的投资热潮。1930年，在法国的投资比前一年增加了53%，甚至比1926年这个强劲年份还要高出25%。其中，大部分投资流向了法国的金融地产，这一领域的投资在1930年甚至高出战前水平84%。尽管从1928年起，消费品部门和一些旧工业部门已经出现了危机迹象（当时的人们大多未曾察觉），但金融、银行业和房地产业直到1931年仍然享受着可观的增长率,而这些增长率掩盖了其他经济领域潜在的危机迹象。随着法郎逐步稳定,巴黎再次成为国际金融中心,此前由于第一次世界大战后对资本流动的严格管制以及不稳定的国内政治,这一地位一度丧失。在这个过程中,法国央行与巴黎的各大银行密切合作。央行为外汇业务专门设立了一个部门,由里昂信贷银行的一名经理建立并领导。法国各大银行与央行共同致力于重建巴黎在银行业的地位。

已稳定下来且价值被低估的法国法郎重新赢得了国际投资者的信任,从而为法国带来了大量的黄金流入,特别是在 1928 年 6 月货币法案仅做了小幅修改,新的黄金价值得以确立后。该法案规定法国央行必须确保货币发行量的 35% 具备黄金支持。此外,央行被允许持有外汇来抵消收支不平衡,必要时可以兑换成黄金以维持黄金支持。法案颁布时,法国的黄金储备已经通过外贸,尤其是通过资本的流入,增长到近 290 亿法郎,大约等同于货币发行量的 40%。法国还持有价值约 260 亿法郎的外币,扣除外国债权后,截至 1928 年,法国累积的黄金外汇支持已经达到货币发行量的 62.8%。

“彭加勒法郎”的黄金支持率可以说是再安全不过了,法国央行以及大部分的政策制定者却普遍认为,一旦货币发行量的黄金支持率降至 38% 以下,银行就应该干预,以确保不会影响黄金支持率并确保法郎汇率的安全。最终,法国的经济政治精英还是追求恢复真正的金本位制，并认为热内亚和洛桑会议上达成的金汇兑本位制只是一种过渡解决方案。随着国内货币供应量的增加，法国的黄金支持率略有下降，自1928年末以来，法国央行开始逐渐将其在伦敦和纽约的大量外汇储备越来越多地兑换为黄金，由此使得法国的黄金持有量在几年内就迅速增至830亿法郎，几乎是初始值的三倍。到1932年底，法郎的黄金支持率达到了惊人的77%。

表2：1928—1932年法国央行结算表（年底数据）（单位：百万法郎）[①]

|  | 黄金储备 | 流通货币量 | 外汇储备 | 黄金支持率a（%） |
|---|---|---|---|---|
| 1928 | 31.977 | 63.916 | 32.641 | 38.46 |
| 1929 | 41.668 | 68.571 | 25.914 | 47.26 |
| 1930 | 53.578 | 76.436 | 26.147 | 53.17 |
| 1931 | 68.863 | 85.725 | 20.211 | 60.51 |
| 1932 | 83.017 | 85.028 | 4.222 | 77.29 |

a：黄金储备占流通货币量与活期存款总额的比例，但此项数据在表中未列出。

---

[①] 这张表格是由肯尼斯·摩尔（Kenneth Mouré）[《管理彭加勒法郎》（*Managing the franc Poincaré*），第55f页] 基于法国央行的年度报告编制的表格的简化版。

法国央行最初是出于稳定货币这一动机实施该政策的，这一政策很快就开始影响英国的外汇平衡，并潜在地影响到英镑的黄金支持率。

巴黎和伦敦之间开始争夺金融中心地位，这动摇了国际货币和金融秩序。作为因经济和银行危机而陷入困境的外国中央银行和商业银行的贷款人，法国央行表现出非常负责任的态度。许多欧洲国家（例如波兰、意大利、罗马尼亚和匈牙利）多次因为法国央行所提供的贷款避免了外汇危机的发生。

法国央行还参与了私人银行的救助，例如在1931年5月向奥地利国家银行提供贷款，以救助奥地利信贷银行。法国央行不仅将其外汇储备兑换成黄金，而且支持法国商业银行采取同样的做法，这导致了国际黄金短缺的局面，并迫使欧洲邻国不得不强制实施紧缩政策。鉴于这种情况，经济史研究学界经常在不同的情况下提出以下观点，即认为法国央行的黄金兑换政策总的来说应被视为导致全球经济危机的一个重要因素，这一观点最近由道格拉斯·欧文（Douglass Irvin）再次提出，但罗伯特·博伊斯对这一观点提出了强烈的反对。

在德国于1931年7月转向外汇管理，以及欧洲大陆发生银行危机之后，英国逐渐成为国际黄金和外汇危机的中心。长期以来，英格兰银行的外汇专家一直与法国央行及法国财政部的相关部门保持对话，讨论如何处理流向法国的黄金。1931年夏季，形势急剧恶化。全靠法国央行提供的超过 2500 万英镑的贷款，英格兰银行才得以在 1931 年 8 月满足了主要来自法国的黄金需求。因为一些南美国家已经放弃金本位制，通过贬值它们的货币来获取出口产品的竞争优势，所以英国（和德意志帝国在引入外汇管理制度之前一样）正经历着资本的投机性撤离。在货币贬值时，英镑存款可能会减少，所以资本所有者试图将他们的财富从英国撤走并转移至被认为安全且受危机影响较小的法国。

然而，这一极具悖论的状况——法国国家银行试图通过向英格兰银行提供贷款来应对由自己引发的资本外流——在 1931 年 9 月就停止了。现在英国放弃了金本位制，并让英镑对黄金从而也对金本位货币大幅贬值。采取这一举措后，投机性资本流动几乎一夜之间停止了，因为这变得不再有利可图。这个问题就被转嫁给了那些仍坚持金本位制的国家，尤其是美国和法国。

这一货币政策措施使得英国在外贸中获得了价格优势，尽管对外贸易因为全球贸易保护主义已经严重衰退，但这也直接影响到了法国应对危机的"商业模式"。法国出口商品原本预计可享有 15% 的价格优势，现在英国商品相对法国商品则获得了约 20% 的价格优势。

## 法国 1931—1935 年的危机和经济政策

英国通过贬值英镑成功摆脱了货币投机和国内通货紧缩的恶性循环，并相对迅速地恢复了经济繁荣，此时，法国因为这一举措更深地陷入了国际经济危机之中。仅仅几个月之前，法国看起来还基本上没有受到全球经济萧条的影响，至少许多法国政治家感觉如此。曾在 20 世纪 20 年代为法国政治稳定和经济复苏做出重大贡献的国家总统加斯东·杜梅尔格（Gaston Doumergue）恰恰在 1931 年 7 月 13 日这一天以 68 岁高龄结束了他的总统任期，这件纯属偶然的事件却十分引人注目。因为就在这一天，德国的达纳特银行崩溃，并且国家强制宣布银行放假，银行危机的爆发迫使政治家们采取紧急对策。而法国现在也被卷入了危机。

与其他身陷经济危机的国家不同，法国的工业生产直到 1930 年仍在增长，随后开始下降，到 1931 年底已经比前一年下降了 15%。煤炭产量略微减少，铁矿石产量则直到 1932 年才开始急剧下降，减少了 45%。在 20 世纪 20 年代的经济复苏中起到重要作用的汽车工业，1932 年的产量比两年前曾达到的 25 万辆的高峰值减少了约 10 万辆。此前被大量资本流入所掩盖的危机迹象如今显露无遗。然而，与邻国相比，法国的生产衰退似乎对就业影响不大。法国领取失业救济的人数增长幅度适中，1936 年达到约 43 万人（大约占从业人数的 4.3%），与德国 600 多万失业人口和其他欧洲国家 15% 到 30% 之间的失业率相比，这一数字要小得多。

除了前文提到过的人口统计因素和大约 26 万生活在法国的外国居民返乡的影响之外，这一低失业率可能主要归因于法国的统计数据采用了另一种统计方法。例如，只有那些能够指认他们最后一家雇主并在那里工作了至少 6 个月的人才被列为失业者。如果雇员失业超过两年或者年龄超过 60 岁，就根本不被视为从业人员。还有，自由职业者，包括大量没有受过训练的居家独立工作者，也因为法国统计方法的特殊性而未被系统地列为失业者（而是被归类为独自生活者，统计到另一类别中）。如果将这些因素考虑在内，则可以认为，法国当时的失业率如果是按照现在通用的统计方法应该会明显更高，可能约为 8%，不过这一数值与国际上相比仍然低得令人吃惊。如果仅仅统计矿业、建筑业和工业的受雇从业人员情况，根据吉尔伯特·齐布拉的数据，1932 年的失业率为 15.4%，这一数据在后来的论文中被用作法国整体经济状况的粗略指标。综上所述，在全球经济危机期间，法国的失业率是所有国家中最低的（见附录中的表 7）。

显然，法国经济受益于人口增长的停滞。此外，在法国经济结构中，小微型企业占比很高，这一事实也有利于实现低的失业统计数据。还有人指出，法国 20 世纪 20 年代的繁荣主要是通过引入资本实现的，因此即使在 1931 年后没有了外国资本，也未对就业造成严重影响，然而，这些论点都只能部分解释法国的低失业率。鉴于想要获得法国在全球经济危机期间的可靠的且在国际上具有可比性的失业率数据十分困难，关于法国的危机处理是否真的像人们所认为的那样对就业没有什么影响的讨论，最终只能是推测性的（在此不再深入探讨）。

即使这些数据是明显低估的绝对数值，法国领取失业救济金的人数还是从 1931 年 9 月约 3.9 万人急剧增长到 1932 年 2 月的超过 30 万人（或者从年均 5.5 万人增至年均 27.3 万人）。这已经再明显不过地标志着全球经济危机来到了法国——尤其是考虑到法国的失业救济领取条件非常严格。因此，关键的不是失业者的绝对人数，而是失业人数在法国许多地区显而易见的增长。

皮埃尔·拉瓦尔（Pierre Laval）和安德烈·塔尔迪（Andre Tardieu）领导的政府对此作出的反应仅仅是适度放松通货紧缩政策。1928 年法郎大幅贬值后，绝大部分的法国政治家，无论是来自哪个政党，都不再考虑像英国在 1931 年底那样再次贬值货币。为了获得出口经济的竞争力——许多法国人将 20 世纪 20 年代末期的繁荣归因于此——唯一可以采取的策略是降低国内物价，以维持低的国际市场价格。这可以通过降低工资或者外贸措施来实现，例如国家对出口提供补贴。

为了阻止因英镑贬值而变得更便宜的英国商品进入法国国

内市场，法国最终提高了从英国货币区进口商品的关税。此外，政府还引入了进口配额制度，到 1937 年时，配额制度已扩展到 58% 的进口商品。然而，这些措施无法抗衡其他出口国由货币贬值产生的价格优势，导致以这种方式受保护的法国出口商品在 1929 年至 1937 年间从全球出口总量的 11.6% 下降到 6.2%。弗朗索瓦·卡龙（François Carson）在这一背景下讽刺地指出，是 20 世纪 30 年代早期的保守派政府将"国家资本主义"和国家干预引入了法国经济，而不是后来的社会主义政府。1935 年下半年皮埃尔·拉瓦尔第三次担任总理时，除了降低公务员工资 10% 外，还直接调控煤炭和面包等关键商品的价格。此外还通过进口配额、直接贸易限制、双边贸易协定以及税收政策来支持紧缩策略。恢复对资本流动的控制，以及继续将国内的外汇储备兑换成黄金的政策也是这一策略的一部分，其最高目标是维持金平价。

当然，国内的调整措施不仅对出口工业造成负担，也影响了整个法国的经济。特别是农业在农产品价格加速下跌的情况下遭受重创。与此同时，所有试图平衡国家预算的努力都显得徒劳无功。在 20 世纪 20 年代末期，法国政府还有相当可观的预算盈余，安德烈·塔尔迪总理在 1930 年将这些盈余慷慨地用于提高工资和养老金以应对危机。然而，自从 1931 年以来，法国经济逐渐出现不断增长的预算赤字，尽管塔尔迪的继任者设法大幅削减支出，但远远跟不上由于经济衰退导致收入锐减的程度。预算赤字在1930年就已接近50亿法郎，而随着收入下降，结构赤字在1932年已经增长到年度收入的12%，在1933年甚至达到了26%。为了避免失去偿付能力，现在轮到法国财政部不得不向英国银行借贷以补偿这一严重的国家赤字。增加税收和削减支出现在也成为法国应对危机和避免破产的常用手段。

1933年3月，美国总统罗斯福决定放弃美元的黄金兑换能力，并使美元对黄金以及所有其他货币贬值，这一决定进一步恶化了法国的经济局势。黄金储备直到1932年底还在持续流向法国，但随后国际资本流动的方向发生了转变，资产开始流向像英国或美国这样经济出现复苏迹象的国家。法国与保持金本位制的国家比利时、意大利、瑞士和荷兰一起，形成了一个非常小而脆弱的金本位区，为了维持自身的竞争力，这个货币区必须进一步封闭自己的经济与外部的联系。

同时，在内政上，不同政治阵营之间的分歧加深，鉴于其党派的多样性，它们实际上需要组建联合政府。保守派坚持要保持与黄金挂钩的强势法郎，主张通过降低国内的工资和物价（不利于国内就业人员）来保持国际竞争力。社会主义者也支持法郎的黄金兑换能力，但反对严格的紧缩政策，主张通过信贷资助继续扩大国家需求。在美元贬值之后，现在出现了第三种立场，即支持法郎贬值，但其推动速度非常缓慢，部分原因是抱有这一立场的是此前强烈反对贬值的人士，他们分布在不同的政治阵营中。自 1934 年起，温和保守的"民主联盟"的财政部前部长保罗·雷诺（Paul Reynaud）成为主张再次贬值法郎的最有影响力的支持者之一，但其动机可能主要是分裂由社会主义者和少数支持贬值的激进社会主义者组成的政府。

法国当时面临着分裂的危机。在这种情况下，有关风险投资家斯塔维斯基（Stavisky）的丑闻演变成了一场严重的政治危机。斯塔维斯基在市政银行的同伙的帮助下，发行了大量没有担保的债券，并且在 1934 年 2 月，在受审判之前被谋杀了。许多法国人怀疑这背后是政府圈子策划的暗杀阴谋，意图阻止其可能曝光政客们的腐败行为。随后，在巴黎聚集了一大批示威者，他们向正在开会的国民议会大厦进发。于是发生了街头冲突，示威者中有几人死亡，紧接着上任才几天的总理埃德蒙·达拉迪耶（Edmond Daladier）辞职。20 世纪 20 年代备受推崇和喜爱的总统加斯东·杜梅尔格（Gaston Doumergue）则从退休中返回政坛，担任半年的总理以平息局势。当然这并未解决法国的经济结构问题。

## 金本位区的防御姿态

法国的货币和经济政策不仅决定了这个大国的危机进程，

还在整个金本位区造成了直接的影响，这个货币区围绕着法国聚集起来，与实施货币贬值和外汇管制的国家划分界限。自从"拉丁货币联盟"成立以来，与法国传统上一直紧密联系的欧洲邻国因为自身的信念而跟随法国坚持金平价政策，而法国的殖民地则是被迫跟随，尽管这些通常依赖原材料出口的国家由于农产品价格的下降深陷到全球经济危机之中。

在非洲西部的保护国地区，例如科特迪瓦、东托戈和尼日尔，通过种植可可、花生和加工棕榈油，实现了出口顺差，然而，这些产品由于农业危机而遭遇了急剧的价格下跌。由于英镑贬值，又增加了来自英国殖民地和其他英镑区国家的出口竞争，因为法国殖民地继续以金法郎结算出口。以类似的方式，位于北非的法国保护国在英镑和随后的美元贬值后，也受到了物价快速下跌的影响。这些地区传统上通过种植谷物和出口橄榄油实现贸易顺差。对突尼斯来说，英镑贬值的效应尤为明显，尽管该国的小麦出口量在1932年比前一年增加了50%，达到了270万石，但出口价值却减少了120万法郎。法国殖民政策立即对这种情况作出反应，即大幅降低出口关税，而地区殖民管理主要靠这些关税提供资金。这样一来，出口生产商就能通过支付更少的出口税至少部分地补偿在世界市场上的价格损失。在某些情况下，甚至还有来自殖民国家的购买保证，以支持因货币政策而承受压力的农产品出口业。

但是对于殖民地的大部分农业生产者，特别是自给自足的农场和面向国内市场的生产者来说，这种政策绝非有利。降低出口税收导致国家收入减少，通常需要依靠提高国内称为"人头税"的税收来补偿，尽管在经济危机的背景下并未成功，却导致了大量的国内小农生产者陷入经济困境，债务迅速增加。因此，在西非，法国贸易公司受益于出口关税的下降。在北非，受益的则是那些额外获得购买保证特权的小麦生产者，他们主要是从法国移民而来的；但专门从事橄榄种植的本地农民则陷入了生存危机。

这样的事情导致了殖民地（还有叙利亚和黎巴嫩的托管地）的政治动荡和起义，但均被血腥镇压。其中，比利时在刚果的殖民管理中采取了最强硬的措施，他们面临的经济问题与金本位制的殖民主义领头国家非常相似。在比属刚果，比利时殖民当局基于大幅增加的人头税设立了一套强制劳动体系，严禁本地农业生产者放弃农业，否则将给予惩罚。他们还在这个过程中推行了一项产品多样化政策，最终让这一地区相对轻松地度过了危机，与此同时付出了巨大的社会代价。

总体而言，仍然坚持金本位制的殖民国家的经济政策加强了"母国"与殖民地之间的贸易关系。1929 年，法国从非工业化国家进口的商品中仅有 45.5% 来自自己的殖民地，这一比例到 1936 年增至 60.6%。同时，法国对法郎区的出口份额也显著增加。1931 年至 1936 年，法国的对外经济政策着重于在自己的货币区内部加强全球劳动分工，其中，殖民地作为原材料生产方和工业产品购买方更加深入地融入法国经济范围内。这种做法至少带来了这样一个副作用，即造就了一个国内的管理和经济精英阶层，他们长期推动本国与殖民国家的脱钩。这一过程在多大程度上可以视为全球经济危机的结果，或者它是不是受到许多特定的地方性框架条件的驱动，并因此需要各自独立地进行区域历史化分析就是另一个问题了。

因此，全球经济危机尤其是殖民国家及其经济利益集团的私利政策，也对许多非洲国家造成了直接的社会影响——在那里，危机导致了失业和社会苦难。这对金本位国家的经济政策当然影响甚微。因此，如果说金本位区在 1933 年美国货币贬值后面临压力，根本原因是欧洲工业化国家的发展。1934 年初，意大利成为金本位国家中首个面临压力的国家，而法西斯主义者上台后，它在许多方面都踏上了特殊的发展道路。例如在 1927 年重新引入金本位制时让意大利里拉对美元和英镑大幅升值，这种情况只有在全面自给自足的计划背景下才说得通。此外，法西斯主义者计划完全过渡到一种大企业联合和协商的经济控制体制，以实现有针对性的工业化并最终实现军备扩张的目的。在这一方案的推动下，20 世纪 30 年代初期，意大利的大部分工业部门，即整个钢铁工业、造船业和公共供应都归

国家所有。意大利国家政府对经济的这种深入管控确实导致意
大利相比邻国受全球经济危机的冲击更小（当然这里也面临高
失业率的问题）。

　　但是，这种工业化政策同时导致了进口需求的增长和长期
的贸易逆差，再加上外资很奇怪地并没有因为强制措施而流出
意大利，最终使得黄金支持率不断下降。当黄金支持率在1934
年春季降至货币发行量的40%以下时，意大利终于开始实行外
汇管制。在与奥地利、德意志帝国以及中东的托管地的贸易中，
清算交易程序本来就已经广泛应用，意大利迅速转向了外汇管
制国家的货币和贸易区，直到1936年，意大利才正式放弃黄
金兑换制。

　　在1934年之前，经济上自给自足的努力就已经逐步使意
大利脱离了金本位区，而随着1935年春季全球经济危机在比
利时的加剧，金本位区的解体趋势进入了决定性的阶段。比利
时甚至早于法国，于1925年夏天就实际上回归了金本位制，
一年后正式宣布回归，即使在英国和美国实施货币贬值之后仍
然站在法国一边，继续留在金本位区。由于越来越依赖外贸，
比利时法郎的结构性高估成为其越来越难以承受的负担。基于
富有远见的经济学专业知识，在卢汶大学的经济学家的建议下，
比利时终于在1935年3月摆脱了这一负担，它的货币贬值再
一次显著增加了对法国货币的压力，法国法郎贬值的可能性现

在变得越来越大。

当然，资产所有者还希望按照旧有的黄金汇率将他们的法郎存款兑换成黄金或外汇。于是，在法国经济历史上的这一时期，虽然许多观察家已经提倡贬值，但内政局势阻碍了最终的决定。直到1936年5月，"人民阵线①"在选举中获胜，左翼知识分子莱昂·布鲁姆（Leon Blum）就任总理，这一决定才得以采纳并付诸实施。

布鲁姆原本是货币贬值的坚决反对者，他认为这一举措会给法国的从业者带来难以预测的后果。"人民阵线"的方案则旨在直接控制外贸和资本流动，以提高国内的购买力和国内的投资，这一政治阵营很明显地将这次危机解读为消费不足危机。然而，还在布鲁姆当选之前，法国的货币危机再次加剧，法国央行在选举前几个月就已经流失了大量的黄金储备。到了1936年夏季，法国的黄金储备已经减少了300亿法郎，仅剩下大约500亿法郎。

布鲁姆在上任后的头几个月就清楚地认识到，通过直接干预对外贸易来控制经济已无法再继续保持下去，因为这要求任何形式的国内经济政策——不论是通缩还是通胀——都必须进行配合。因此，他在1936年5月就已经开始与英国和美国谈判，

① 工人阶级政党和中产阶级政党为保卫民主制、防御法西斯进攻而结成的联盟。

在那个时候，如果没有英美的同意，几乎不可能实施法郎的贬值。法国严重依赖美国和英国的贷款来应对布鲁姆就任期间仍在继续扩大的巨额预算赤字，而且还担心如果与英镑区和美元区的国家进行贬值竞争，可能会面临报复性的贸易措施。因此，在 1936 年 9 月将法郎贬值 29% 之前，法国先通过与美国和英国的谈判实际确定了贬值的幅度（正如肯尼斯·穆雷所示）。

这次贬值在法国、英国和美国之间的三方协议框架内进行，旨在推动一种货币合作模式，这种模式后来导致了 1944 年布雷顿森林体系中有关固定汇率协议的达成。因此，法国货币危机的结果实际上是提前形成了一个联盟经济区，而不是回到自由贸易的关系，尽管这个三方协议并没有长期持续下去。

在法国实施货币贬值仅一天后，其余的金本位国家也终止了黄金兑换制。其中，瑞士是这些长期坚持金本位制的国家中受损最轻的，也是对这一政策的负面影响争论最少的国家。一方面是因为瑞士的出口商品在很大程度上流向邻近的金本位国家，而且主要是价格不太敏感的工业产品。因此，英镑区的货币贬值对瑞士的影响比其他金本位区国家较轻，而且瑞士与德意志帝国这一重要贸易伙伴之间也签订了一些有利的清算协议。另一方面，瑞士还经营着多样化的海外分支机构，它们的经济发展可以不受货币问题的影响。此外，与邻国相比，瑞士政治动荡的影响程度要小得多。最后，与大多数欧洲国家不同，瑞士的国家财政债务水平非常低，以至于即使 1933 年为拯救瑞士人民银行而耗费了联邦预算的五分之一，也没有引发货币危机。

　　尽管全球经济危机也对瑞士造成了影响，并且抑制了工业生产的扩张，但瑞士能够坚定地继续推进国内工业化进程。此外，瑞士还在 1936 年以贬值了 30% 的瑞士法郎汇率加入了法国、英国和美国之间的三国协议，而且瑞士法郎在形式上以及在国内依然是可以兑换黄金的。荷兰也经历了类似的发展历程，但作为更加依赖英国出口市场的经济体，它受货币贬值的冲击要严重得多，1936 年紧随法国放弃了黄金兑换制。

　　这意味着，与那些效仿法国的国家相比，法国长期坚持金本位制对自身经济来说更为不利。货币贬值的效果在法国只是暂时的。这与比利时经济相反，比利时通过 18 个月前实施的货币贬值重建了自身的竞争力，并在随后的全球经济复苏中由于其强大的出口工业而获益。相比之下，1936 年 9 月法郎贬值的效应很快消失了。工业生产和国内生产总值略微上升的情况没有持续，保守派观察家如阿尔弗雷德·索维（1969 年）将这种情况归因于布鲁姆政府同时推行的购买力增强政策。"人民阵线"并没有将货币贬值与财政整顿结合在一起，也没有在国内继续推行通货紧缩政策，而是引入了每周 40 小时全薪工作制，索维认为这与其自身的巩固政策背道而驰。他的这一立场，与美国国内围绕"新政"提高工资政策的辩论中所阐述的观点如出一辙。

这里需要考虑的是，法国的这一决定是在一个已经发生巨大变化的世界中做出的。这个世界正处于德国、意大利、最终还有苏联的自给自足经济和军备计划的影响下，而法国和荷兰的经济在这些计划中的参与程度不如瑞士高。毫无疑问，法国的经济和货币政策拖延了危机持续时间，尤其是延长了其度过危机低谷所需的时间。鉴于下一次全球灾难——仅三年后爆发的第二次世界大战的迫近，其是否必然导致经济复苏的减缓，这一点很难最终评估。

## 第五节　危机在中国

### 中国迟到的危机

正如前文已经详细描述的那样，货币政策不仅对于危机的传播，而且对于危机期间各国政府和中央银行的政策都起到了关键作用。20 世纪 20 年代，全球主要经济体都致力于恢复金本位制，但在此之后，大多数国家在危机期间都被迫再次放弃货币的金属支持。然而直到 1936 年之前，以法国为首的"金本位区"是个例外。而美国在 1933 年春季放弃金本位制后，以美元的另一种黄金支持形式回归。

除了金本位制外，还有一些国家以银作为基础的货币。银这种金属在 19 世纪很长一段时间内作为货币基础甚至比黄金更重要。随着金本位制在 19 世纪下半叶的推行，导致其他货币联盟如拉丁货币联盟（同时基于金和银，即所谓的"双金属"货币系统）逐渐失去了影响力，银也逐渐失去了作为货币金属的功能。这还与金本位制改善了国际资本市场的准入性有关。正如史蒂文·布莱恩（Steven Bryan）指出的那样，金本位制恰恰被 19 世纪末开始工业化的国家如日本或阿根廷视为高度文明发展阶段的象征。尽管如此，摒弃双金属制度的过程在美国充满冲突，美国于 1873 年停止铸造银币，并在 19 世纪 90 年代彻底取消了银币的货币地位。而与此相关的政治辩论已经预示了 20 世纪 30 年代美国银政策的出现，该政策对中国的经济产生了重大影响。

还有少数几个国家依然采用银本位的货币制度，因为它们没有获得黄金储备的手段。例如，印度直到 1893 年才放弃银本位制，从 1898 年开始实行金本位制；墨西哥虽然官方采用金本位制，但大部分情况下仍以银进行支付交易；洪都拉斯也是直到 1931 年都仍使用银支持的货币。而最坚持银本位的国家是中国。自从大量从拉丁美洲开采的银流入东南亚后，中国在 19 世纪上半叶建立了银和铜本位制，并逐渐演变为纯银本位制，一直持续到第一次世界大战结束。中国能够免受 20 世纪 20 年代和 30 年代的货币动荡影响，正是因为货币的银本位制使危机在中国发生的时间较晚，而且中国还因为 1934 年 6 月美国通过的《银购买法案》深度依赖银本位制。因此，银与最初尚以金为基础的主要货币美元和英镑的价值比率成了中国经济发展的决定性因素之一。

## 中国不稳定的政治和经济情况

如今的人们已经习惯将中国视为一个经济大国。然而，直到 20 世纪 80 年代末，中国与西欧国家相比，仍然是一个欠发达的、以农业为主的国家，因此它的崛起也成为经济历史上的一个谜团：为什么一个拥有世界上最古老的高度文明之一、高水平的技术知识和发达的金融体系的国家，未能像英国和其他西方国家一样在 19 世纪发展成为一个工业化国家？美国历史学家彭慕兰（Kenneth Pomeranz）将这一现象称为"大分流"。在将英国与中国的长江三角洲地区进行比较时，他指出，两地在技术知识、生产组织和账务管理方面具备类似的条件。但与英国（以及后来的欧洲大陆）不同，中国并没有迎来工业生产方式的突破，也没有实现持久的经济增长。

为什么它们会有不同的发展路径？针对这一疑问，人们给出了各种不同的答案。彭慕兰本人强调英国殖民地在突破国内由于自然资源稀缺所导致的经济增长局限中的重要性；其他研究者则以经济道德的差异为由进行了论证，或者强调英国手工艺人的实用技能（所谓的"微发明"）。最近罗伯特·艾伦（Robert Allen）指出，相比低的能源成本，英国的人员工资很高，这是一大解释因素，因为这使得资本和能源密集型创新尤为有利可图。然而，比起纠结于这个仍在进行的激烈辩论，更重要的发现是，中国经济在19世纪期间仅缓慢发展，在某些方面甚至对外越来越封闭。这种国家的孤立主义却遭到了殖民国家尤其是英国的反对，这导致中国在19世纪中期卷入了两场残酷的战争，即"鸦片战争"。在第一次鸦片战争中，英国侵略者在1842年签署的《南京条约》迫使中国开放多个"条约口岸"进口西方商品，尤其是鸦片，英国在印度种植这些鸦片并用来换取中国茶叶。同时，随着战争的失败，中国政府的行政结构发生了改变。鸦片战争标志着现代中国经济史的开端，因为中国随之开始融入西欧的世界经济体系。

尽管中国实际上直到邓小平于1978年重新开放经济之前仍是一个农业国，但是自从大约1870年以来，中国的各个地区开始越来越多地融入世界贸易。农业企业越来越多地生产出口商品，纺织业也是如此，特别是棉纺织业和丝绸纺织业。自18世纪以来一直兴盛的茶叶贸易却从19世纪80年代以来急剧下降，主要是与来自印度的竞争和品质保障方面的问题有关。

表3：中国出口总值和主要出口产品的百分比[①]

| 年份 | 出口总值（中国香港银两，1000） | 茶叶（%） | 丝绸（%） | 种子，植物油（%） | 豆子（%） | 皮革（%） | 棉花（%） |
|---|---|---|---|---|---|---|---|
| 1870 | 55.295 | 49.9 | 38.8 | 1.2 | 1.2 | 0 | 0.5 |
| 1880 | 77.844 | 45.9 | 38.0 | 0.1 | 0.2 | 0.5 | 0.2 |
| 1890 | 87.144 | 30.6 | 33.9 | 0.6 | 0.4 | 1.4 | 3.4 |
| 1900 | 158.997 | 16.0 | 30.4 | 2.5 | 1.9 | 4.3 | 6.2 |
| 1910 | 380.833 | 9.4 | 25.4 | 8.4 | 5.6 | 5.3 | 7.4 |

尽管没有发生经济发展的飞跃，长江三角洲仍然是中国的经济中心，而上海则是其金融中心。正如英国历史学家弗兰克·H.H. 金（Frank H.H. King）所言，这里发生的货币政策斗争对中国20世纪的政治命运产生了巨大影响。

特别是自20世纪初以来，中国经历了严重的政治动荡。1912年，帝制被推翻，最后一位皇帝溥仪退位。然而，在20世纪30年代初，他曾短暂地作为日本傀儡政府伪满洲国的领导

---

① 费维恺，《中国经济1870—1949》，第65页。

人露面。此后，中国分裂成多个统治区，蒋介石领导下的南京国民政府从未完全掌控全部区域。

在此期间，共产主义者很有影响力，共产党自 20 世纪 30 年代起就毫无争议地在毛泽东的领导之下，自 1927 年在与蒋介石领导的国民党的斗争中，逐步建立起越来越多的根据地。而国民党则控制着中国的东部省份，也就是当时的经济中心。此外还存在许多的军阀，他们掌控着其他个别地区。总体而言，20 世纪 20 年代的中国是一个政治上极度不稳定的国家，同时存在多个相互敌对的权力中心和地方统治势力，它们之间经常发生武装冲突，这为外国的干预敞开了大门。

此外，从 20 世纪 30 年代初开始，日本疯狂扩张。1914 年占领德国殖民地山东，1910 年接管统治朝鲜，并在 1920 年获得了国际联盟的托管授权；在此之后，日本逐步成为西太平洋的军事强国。1931 年，日本占领了中国东北部，该地区拥有日本缺乏的丰富原材料资源。自从 1904—1905 年的日俄战争以来，日本在中国东北经济中已经非常活跃（尤其是在铁路、纺织和煤矿开采领域），虽然对这片人口相对稀少地区的经济发展确实起到了一定"作用"，但这些经济活动具有显而易见的剥削性质。

由于与日本的冲突及其内部的政治冲突，中国在全球经济危机期间面临着极为紧张的局势。其中，国民政府仅在东部两个省份拥有单独的统治权，而在其他省份则具有或多或少的影响力。然而，中国出口业务大约三分之二都集中在这两个省份。此外，中国的金融中心位于上海，而上海拥有中国最重要的海港。与此同时，银本位货币是国民政府权威的重要支柱。尽管当时存在着数百种地方货币，正因为如此，有金属支持的货币才能够确保这种货币作为跨区域支付手段的权威性，所以人们拒绝在支付时接受非金属支持的货币。国民政府控制着国家大部分的银储备，所以他们至少在理论上掌控着货币的发行。

## 中国经济在大萧条初期的虚假繁荣

中国的工业出口生产主要由纺织工业占主导，其中最重要的部门是棉纺织业和丝绸纺织业。这些产业一方面要满足国内市场的需求，另一方面也越来越多地参与到全球贸易之中。例如，中国的丝绸纺织业在世纪之交后夺走了之前处于领导地位的生产大国法国的市场份额，因为法国的丝绸工业当时遭受严重的虫害问题。特别是美国在 20 世纪 20 年代成为中国越来越重要的贸易伙伴，逐渐取代了主导 19 世纪殖民贸易的英国。而日本则不仅构成军事上的威胁，同时也是美国在中国市场上的主要竞争对手。

对中国纺织企业来说，它们在 20 世纪 20 年代面临的一个重大问题是其高度依赖来自银行的外部融资。这一点并不显而易见，因为在中国经济中，家族企业扮演着重要的角色，并且所谓的"关系"也一直存在。然而事实证明，通过这种网络筹集足够的资本极为困难。此外，股东通常要求相对较高的利润份额，因此这种资本筹集形式并不特别吸引人。尽管通过银行获得融资相对更为容易，但在自有资本不足的情况下，贷款利息必须始终靠营业收入获得。这在生意兴隆时能够运转良好，一旦生意不再如意，这些企业就几乎没有度过生意低迷期的机会。

然而，中国的出口和国内经济发展在20世纪20年代确实是积极的。这受益于银价的变化，自1920年以来，银价相对黄金价格持续下跌。这种轻微的通货膨胀对中国经济产生了积极影响，导致了"贸易条件"的持续改善，从而促进了中国出口经济日益融入全球经济分工之中。就此而言，可以说英国在1925年4月恢复金本位制后导致英镑估价过高，正好迎合了中国经济的发展。

本书前文已经提到，危机的爆发导致农产品和原材料价格加速下跌，这也影响到了中国的出口经济。但在大萧条的最初几年，由于伦敦和纽约交易所的国际银价下跌，危机对中国的影响得以部分抵消。例如，伦敦的银价在1929年7月仍为每盎司50便士，到1931年春季，这一价格已经降至原来的一半。

因此，尽管工业大国面临严重的通缩问题，但中国的出口经济却受益于相反的发展趋势。此外，对于许多在中国的商人和企业来说，现在有了一个强烈的动机，在国外市场上以低价购买银，因此 1929 年后流入中国的银大幅增加。

当然，危机绝对没有完全绕过中国经济。为了保护经济免受进口价格下跌的影响，关税被大幅提高，但这也反过来减少了对外销售的机会，特别是农产品的出口受到了严重影响。自 1929 年底开始，地价就显著下跌，农民越来越难以获得贷款或偿还现有的债务。此外加上结构性的问题，如人口迅速增长，但耕地面积却没有相应地增加，以及严格且仅部分货币化的租地制度，尤其是后一个问题在歉收时会导致农民生活十分困苦，因为农民在歉收时仍然必须向地主交付规定数量的粮食。而中国在 1931 年又遭遇了严重的自然灾害，尤其是江淮大水灾，造成超过 100 万人死亡。

对于制造业而言，情况则较为有利，主要是因为劳动力和原材料的相对成本大幅降低。根据城山智子（Tomoko Shiroyama）的描述，这甚至导致了中国经济的一种虚假繁荣。因为白银充裕，所以不存在信贷不足的问题。直到 1931 年，上海金融市场上的白银流入量还超出流出量的三分之一，这意味着中国经济中的银流通量增加，国内经济从中最为受益。根据迪特马尔·罗特蒙德（Dietmar Rothermund）提供的数据，中国纺织工业在 1929 年拥有 400 万台纺纱机和 2.9 万台织机，而到了 1931 年，这一数字已经分别增至 500 万台纺纱机和 4.3 万台织机，其中日本纺织企业的投资也是一个重要原因。此外，银价下跌意味着进口商品价格上涨，这就减少了对中国国内经济的压力，为国内市场上的制造业生产商创造了有利地位。

对中国经济的第一个"外来冲击"是英国在 1931 年 9 月暂停金本位制度。如前文所述，英镑汇率在 1932 年春季稳定下来之前是自由浮动的，这导致其对金本位货币贬值约三分之一；英镑对银本位货币也同时贬值，特别是银价开始朝相反的方向变动。伦敦股市上的银价从每盎司 26 便士急升至 40 便士，中国在对外贸易中的优势，现在因为银本位货币的明显升值而转变为劣势。这一影响起初仅限于其与货币与英镑挂钩的国家的贸易，而纽约股市的银价一开始仍然保持在较低水平。然而，自 1933 年起，纽约股市的银价也开始上涨，尤其是在美国逐步推行美元贬值政策之后。由于这种价格走势下，银价甚至已经降至所谓的银出口点以下——即便考虑有运输成本，将银带出国，在英国或美国出售，再用销售收入回到中国购买银，依然有利可图。于是形势发生了逆转：白银不再流入中国，而是越来越多地流出中国。

## 危机升级

1931年秋天，中国经济的繁荣景象告终，随着1933年美国银价开始上涨，大萧条也波及中国。首先是农业遭受重创，原因是农产品价格下跌以及来自印度支那、美国及其他地区的谷物和稻米进口增加。除了四处蔓延的贫困和日益严重的饥荒外，地主收取租金而引发的暴力冲突也频频发生。此外，中国还在1934年遭遇了严重的粮食歉收，进一步加剧了这些冲突。农民本来就几乎无法获得贷款，制造业的情况也完全类似。面对不断上涨或者至少不再下跌的银价，以及因此日益严重的资金短缺，银行最终采取了理性行动，限制了贷款的发放。

而纺织工业则不仅面临销售机会减少和信贷紧缩的挑战，还遭遇了来自日本和美国在国内市场上日益激烈的竞争。尽管人们尝试通过抵制措施阻碍日本商品的销售，但就像政府试图通过保护主义措施阻止日本竞争对手进入国内市场一样，这些运动只部分地取得了成功。然而，由于日本的军事扩张和1931年入侵中国东北，实际上已经不可能将日本商品逐出中国东部省份。此外，自20世纪20年代末以来，日本企业直接在中国的纺织厂投资了大量资金，随着日本对中国日益构成军事威胁，这些经济活动带来越来越多的问题。例如，1932年上海发生了激烈的战斗，导致当地股票交易所不得不暂时关闭。

　　经济中的资本短缺导致资本在国内流动，农村制造业遭遇大量的资本外流。在 1932 年和 1934 年，流入上海的银量超过向国外流出量的数倍，导致大萧条头几年的发展趋势发生了逆转。同时，流入上海的资本还一度加剧了已经开始的城市土地和房地产的投机热潮，然而，这一繁荣也未能长久。从 1934 年夏天开始，投机泡沫破灭，随后引发了一场后果严重的金融危机。

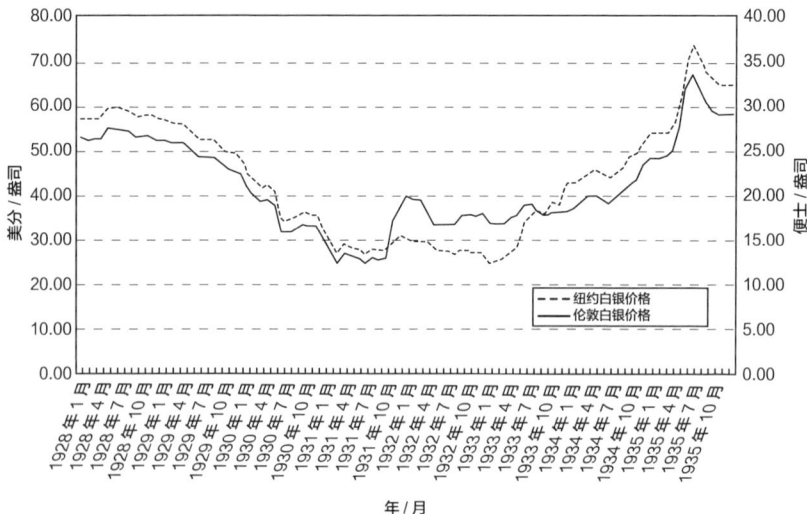

图 7：1928—1935 年伦敦和纽约银价的走势 ①

　　还有一件事是国民政府无力改变的，正是这件事的发生使得全球经济危机最终成为中国的一场灾难。1934 年 6 月，美国

① 城山智子，《大萧条时期的中国》，第 142 页。

国会通过了所谓的《银购买法案》。该法案规定将银储备国有化，旨在确保美元的价值有四分之一由银提供金属支持。其中，政府一直以明显高于当时市场价且日益升高的价格购买白银。美国政府的这一举措主要是为了安抚美国强大的农业游说团体。后者辩称，通过这项政策可以提升中国的购买力，最终中国也会从中受益，但实际情况并非如此。

弗里德曼认为，《银购买法案》对美国国内经济造成的直接影响仅仅是为本国的银生产者和持有者带来了额外的利润，对中国而言却是灾难性的。这项措施导致国际银价急剧上涨，即从1933年1月每盎司23美分的最低点逐步攀升。尽管中国的国民政府急切恳求美国出面稳定银价，但罗斯福因为国内政治对他的压力无法相助。银价至1935年4月达到每盎司74美分的临时高点，远高于1928年的水平。

这种价格走势导致大量金属流向美国，尽管当时国民政府采取了措施，试图阻止这种情况发生。在尝试提高利率但效果不佳后，国民政府实施了资本流通管制，以阻止白银外流。然而，像在其他地方一样，这些措施本身就已经对外贸关系产生了负面影响，因为这使得出口贸易的开展变得极为复杂。此外，这些措施也未能得到有效实施。一方面，政府无法有效打击白银走私，而这一点因为与日本的冲突变得难上加难。另一方面，外国企业和银行仍然有机会在海外持有白银。这一事态发展的结果与在金本位国家的情形一样，引发了毁灭性的通缩，造成物价下降和资本短缺。

1935 年秋天，资本外流最终达到了如此巨大的规模，以至于中国不仅面临通货紧缩问题，还遭遇银行日益严重的资本短缺。此外，国家还负债累累，因此政府急需资金。中国是向英国还是向美国申请贷款的谈判演变成了英、美两个大国之间外交实力的较量。类似于在其他国家的做法，英国在这个过程中秉持其传统的经济顾问政策，为此在 1934 年派遣一位"货币医生"（这次是弗雷德里克·利思-罗斯，Frederick Leith-Ross）前往中国评估经济形势。英国银行最终也帮助了国民政府完成"政变"，即国有化银储备并取消银的货币功能。此外，国民政府还在 1935 年秋季与美国达成协议，交换价值 1 亿美元的银。1936 年初又达成了另一项类似的协议，以解决最紧迫的财政问题并建立货币储备。由此为废弃银本位制创造了前提条件。

最终于 1935 年 11 月 2 日，国民政府宣布放弃银本位制。然而，中国在改革中选择了与其他许多国家在 20 世纪 30 年代初期所选择的不同路径，即不将本国货币与英镑或美元挂钩。相反，国民政府决定采取积极的货币管理政策，旨在同时保证对美元和英镑相对稳定的价值关系。这意味着货币政策保持了较大的自主权，但也伴随着一定的风险。中国放弃银本位制在一开始对经济带来的积极效应是放松了货币限制。同时，国民政府试图通过直接干预——如提供信贷援助和实施经济促进计划——来重振经济。这些措施几乎没有带来积极的结果，但经济还是在缓慢复苏，尤其是因为货币改革带来了通货膨胀效应。中国经济在经历了1934年和1935年的危机低谷之后，又开始恢复增长，这明显晚于大多数其他国家，也是因为中国的经济危机开始得相对较晚。

正如多次提到的那样，金本位制长期以来被视为20世纪20年代世界秩序稳定的保证，但最终被证明是虚幻的期望。然而，在政治上分裂的中国，银本位实际上长期构成国民政府权威的重要支柱。通过1935年11月放弃银本位制实现积极货币管理的承诺很快就无法继续维持，到1936年，货币发行量就已经显著增加。1937年日本全面侵华战争开始，这场战争一直持续到1945年夏季日本宣布无条件投降为止。为了筹措战争经费，中国经济严重通货膨胀，即使在银本位制下也难以避免。这次通货膨胀在第二次世界大战结束后展现出其全部的破坏力，尽管政府多次尝试稳定货币，却未能成功控制。其显著地削弱了国民政府的权威，并最终导致失败。

## 第六节　危机在苏联

### 苏联脱钩的危机

　　巴里·艾肯格林关于战间期金本位制的重要著作，开篇就引用了 1933 年春季《真理报》上的一幅漫画。漫画出自一位苏联观察家之手，它以讽刺的笔触描绘了即将出席伦敦六月举行的世界经济会议的"帝国主义者们的准备工作"，并描绘了宣告全球经济合作暂时终结的罗斯福的"炸弹信息"，漫画将其呈现为穿着燕尾服的外交官们忙着锯断他们所站树上一根位置更高的枝条，而那根枝条上又站着一位外交官，也在做同样的事情。[①] 看起来莫斯科的观察家们在 1933 年春季可以饶有兴致地躺着观看资本主义工业国家如何将彼此推向灭亡，因为年轻的苏联经济几乎感觉不到大萧条的存在。对许多苏联观察家而言，全球经济危机证明了社会主义经济相较于西方世界饱受危机摧残的资本主义有根本上的优势，是"未来危机中的一块磐石"。[②]

---

[①] 《帝国主义者们对全球经济会议的准备工作》来自 1933 年 5 月 8 日的《真理报》第 125 期，作者是尤·甘发（Ju. Ganfa）。在此感谢比勒费尔德的克里斯滕·宾克尔（Kristen Bönker）提供的标题翻译和漫画背景解析。

[②] 贾·詹森（Ja Janson），《1933 年苏联对外贸易总结》，载于《外贸》杂志 1933 年第 3 期，第 7 页。引自帕特里夏·弗洛尔（Patricia Flor），《大萧条时期的苏联》，第 12 页。

在其他国家的工业生产深陷低谷之际，苏联正处于快速向工业社会过渡的初期阶段，其工业生产以及资本积累在大萧条期间呈现出高速增长的态势。与金本位制度脱钩，至少在20世纪30年代的货币政策动荡中，给苏联货币提供了一定的保护。沙皇俄国也曾在第一次世界大战期间暂停过金本位制。

然而，苏联在经历战争和内战之后，并没有恢复金本位制度。1926年，社会主义统治者禁止了资本的自由流动，同时严禁将俄罗斯卢布兑换成外国货币。曾经根植于资本主义世界经济的沙皇政府已不复存在，苏联自此完全与国际资本市场脱钩。从此，无论是苏联的国内市场，还是国际上对苏联资源的需求，都完全由中央政府的外贸垄断控制。这种方式不仅有效地使该国免受金本位崩溃带来的灾难性影响，还有效地抵御了在许多地方造成严重破坏的国际资本投机活动。此外，债务问题也没有像在西方国家那样削弱苏联经济，苏联直接拒绝承认沙皇俄国的国外债务。当然，这一举动也让国际债权人望而却步，使得外国投资者不敢在苏联投资。

虽然苏联借此成功地实现了与世界经济比较彻底的隔离，但仍然与世界经济存在一些微弱的联系，使得全球危机也波及苏联。与此同时，乌克兰和北高加索地区的农耕地区发生了饥荒，而这显然是苏联领导人政治决策的后果，而非全球经济危机的影响。苏联的饥荒也属于全球经济危机的事件之一，因为苏联不可能脱离崩溃的世界经济单独存在。尽管新领导人的政策旨在让苏联经济从长远上摆脱对外国进口的依赖，但至少在过渡阶段，仍然需要与资本主义国家进行大量的交换。因此，下文将进一步探讨斯大林时期的工业化政策与全球经济危机的关联，并阐明这些关联对全球经济危机的重要性。

## 苏联经济和命令经济

苏联无疑是受第一次世界大战后果和战后事件影响最严重的国家之一。沙皇俄国不仅有将近200万名士兵阵亡，从而与德国一样付出了巨大的人员伤亡代价，而且即使到了1917年，俄罗斯经济的产值仍仅达到战前那一年的三分之二。此后，该国还经历了毁灭性的内战，经济几乎陷入停滞，加上农业歉收和疫病暴发导致的死亡人数甚至超过战争。布尔什维克胜利后，苏联境内生活的人口大约为1.34亿，比十月革命前减少了近900万人。苏联经济的表现比沙皇时期更差。粮食产量仅达到沙皇俄国在1913年丰收时约6000万吨的三分之一，工业生产也大幅下降。面对人民极度困苦的生活状况，苏联新掌权者必须迅速让支离破碎的经济废墟再次正常运行起来。这对任何政府来说都是一项艰巨的挑战，无论国家意识形态体系如何。

苏联社会主义经济改造与工业生产的扩张彼此独立。在第一次世界大战前，尽管俄国在工业化方面进行了较为谨慎的初步尝试，仍然有 85% 的人口生活在农村。农业产品占俄国经济总产值的一半以上。工业化项目最初是一些通过国家命令执行的形象工程，主要依赖外国资本和外国的专业知识起步，并且仅限于少数地区。这些工业化试点所需的外资是通过由出口农产品实现的贸易顺差得到的。英国和德国是俄国最重要的出口国，分别占俄国出口额的 18% 和 30%；而俄国进口额的 47% 来自德国，因此德国是俄国最重要的贸易伙伴。

在第一次世界大战前，俄国确实形成一个非常有前景的工业化模式。俄国农业生产的显著增长带来了出口顺差，从而得以扩张国内的工业经济，并用于建设铁路网络以及强大的基础设施。然而，这种增长模式在第一次世界大战前就已经暴露出一些问题，因为人口迅速增长（1870 年到 1913 年间翻了一番），国内的食品消费量相应地增加了。

十月革命后，苏维埃俄国及其后成立的苏联失去了其最重要的贸易伙伴，同时农业生产急剧下降。在失去了迄今为止最重要的出口商品之后，它不得不在内战后重新调整其经济政策的方向，这与社会主义经济建设同时进行。然而，这一过程必然需要试验性地开展，因为当时还没有关于社会主义经济形态的科学理论。

在这个过程中，新的当权者在内战期间采取了极端激进的行动，不仅将工业经济国有化，还在农业经济领域实施了大范围的征收和其他强制措施。由于这些措施导致了供应短缺，党的领导层在列宁时期就决定采取温和的政策，主要在农业领域部分恢复市场经济配置，并维持小农经营和农村的私人贸易。这一政策被称为"新经济政策"（NEP），它在社会主义和部分的市场经济之间寻求妥协，但从一开始就被设计为一个过渡阶段。它旨在为苏联经济的彻底改革和最终完全废除市场经济作准备，这一目标在1929年春天第一个激进的五年计划中实现。新经济政策在经济上取得了相当可观的成就，事实上，到1927—1928年前后，几乎所有经济指标都超过了俄国战前经济的水平。

然而，1924年列宁去世后，苏联新的领导人斯大林并不满足于新经济政策这些显著的经济成就，而是选择了更为激进的路线。

自20世纪20年代中期以来，布尔什维克党内就社会主义经济政策的发展方向展开了激烈的争论，可以看出，在这个过程中形成了布尔什维克内部左右翼之间的政治权力斗争。关于国家经济未来的辩论当时被称为"工业化辩论"，毫无疑问，大家都想实现将苏联经济转型为现代工业社会这个目标，只是人们对实现这一目标的路径和速度存在疑问。在布尔什维克内部，以经济学家叶甫根尼·普列奥布拉任斯基（Evgeniji A.

Prebrazenskij）为代表的"左派"主张采取快速的工业化步伐，以政府规定的低价从农产品生产者手中收购大部分产品，从而将剩余资金转向工业生产和工业品的进口。尼古拉·布哈林（Nikolai Bucharin）代表的"右派"则主张温和的工业化步伐，先在市场经济条件下扩大农业生产，再为国家引导的工业化提供剩余资金。

普列奥布拉任斯基与列夫·托洛茨基（Leo Trotzki）在1927年就已经被开除出党，但最终还是实现了他们的理念，而布哈林起初似乎是"胜利者"，但他的理念未能产生影响，这使得"工业化辩论"对经济政策的发展方向几乎起不到多少决定作用 。更为重要的是，随后形成了一种习惯，也就是在苏联权力结构内部，那些对农村人口最为不利的行动方案总是得到实施。无论这是否是由斯大林——根据约尔格·巴贝罗夫斯基（Jörg Baberowski）的说法，他在这场权力的争斗中只有当暴君才有存活的机会——策划和有意实施的针对本国人民的战争，或者是一系列虽然经过了冷静考虑却完全错误的决策，总之这对于苏联的政治史非常重要，因此相应地被频繁讨论。[1]

这里描述了在全球经济危机期间，导致苏联饥荒的一系列

---

[1] 巴贝罗夫斯基在他的著作《焦土》的第 171 页至 192 页中，非常清楚地描述了苏联领导层如何通过大量的报告，详细了解了饥荒的严重程度，但他们视而不见，甚至还制造了更多的死亡。

事件。根据东欧历史学家斯蒂芬·梅尔（Stephan Merl）的描述，在 20 世纪 20 年代末实施的激进的五年计划中，计划官僚机构中的一群经济学家——被称为"目的论者"——开始占据主导地位。他们不再像"工业化辩论"的参与者那样从现实主义角度出发，而是认为社会主义经济可以完全脱离经济规律的约束，只要计划的目标在逻辑上是一致的，就可以不受任何条件限制地设定目标和实施这些计划。在这种观念背景下，20 世纪 20 年代末期苏联出现了一种悲剧性的趋势，即不断竞相设定计划目标。这一趋势在带来可观的工业化成就的同时，导致苏联陷入了饥荒。而这些工业化成就本身确实唤起一种错觉，让人以为苏联可以免受全球经济危机的影响。

## 五年计划和农业集体化

在 1927 年苏共会上通过的苏联首个五年计划设定了两种生产增长方案，一种是最小化方案，另一种是"最优化"方案，但后者受到诸多条件的限制，例如必须确保计划实施期间不会发生歉收。在设立计划的那个时刻，主流理论认为经济发展应该是温和的，按照这个理论，工业生产要到最后一个计划年度才会明显扩大。因此，直到最后一个计划年度，即 1932—1933 年，用于提高农业生产效率的拖拉机生产才能增长 13%。然而，按照"最优化"方案，计划中的农产品出口应该将近翻倍，与此同时还认为可以进一步减少消费品进口。

在经历了多次由政权之争导致的修订后，在 1929 年春季的党会上通过了一个彻底改变的五年计划，并以完全不计后果的方式强制实施。现在这些计划目标已经完全脱离了现实，比如计划农产品出口增加 167%。即使在 20 世纪 20 年代的丰收年，苏联也仅能出口略多于 200 万吨的谷物，但现在的计划却预计每年出口 500 万—800 万吨。实际上，苏联的谷物出口在 1930年达到了 470 万吨，1931 年更是达到了 500 万吨，实现了极其惊人的新高峰。

国际市场上的农产品价格因为全球经济危机而暂时完全崩溃，所以尽管苏联出口了大量农产品，却仅增加了 6% 的外汇收入。因为至少在苏联国内能够自己制造机器和其他工业品之前的过渡阶段，其工业化的杠杆主要是农产品出口，所以全球农产品市场的崩溃（一部分缘于苏联自 20 世纪 20 年代后重返国际市场）对这个国家造成了严重打击。就此而言，全球经济危机与苏联 20 世纪 30 年代初期的危机之间确实存在关联。为了增加出口能力，苏联政权不惜付出巨大代价，但总体而言，谷物的出口并非导致饥荒的直接原因。

导致乌克兰和北高加索地区饥荒的直接原因是苏联领导层在农业集体化过程中的巨大失误。计划部门认为，通过提升以

小农经营方式为主的行业的生产力来增加谷物生产的计划目标
是可达成的，方法是将这些小农场合并成合作社型的大农场，
即集体农庄。因此，当权者将"集体化目标"纳入生产目标的
设定中，并指示基层组织动员农民加入集体农庄。对于原本就
生活在极度困境中的大量农村下层民众来说，这并不是问题。
而那些农村中产阶层，他们在新经济政策时期仍然保有土地尤
其是牲畜等私有财产，并因此成为粮食生产的中流砥柱，需要
通过施加巨大的压力才能迫使他们加入集体农庄。

表4：1913—1938 年间俄国或苏联的谷物出口 [1]

| 年份 | 出口量（千吨） |
| --- | --- |
| 1913 | 9.182[a] |
| 1921—1922 | 0[b] |
| 1922—1923 | 729 |
| 1923—1924 | 2.579 |
| 1924—1925 | 569 |
| 1925—1926 | 2.016 |
| 1926—1927 | 2.099 |
| 1927—1928 | 289 |
| 1929 | 178 |

---

[1] 戴维斯（Davies）、惠特克罗夫特（Wheatcroft），《苏联的经济转型》，
第 316 页。

续表

| 年份 | 出口量（千吨） |
|:---:|:---:|
| 1930 | 4.764 |
| 1931 | 5.056 |
| 1932 | 1.727 |
| 1933 | 1.683 |
| 1934 | 769 |
| 1935 | 1517 |
| 1936 | 321 |
| 1937 | 1.277 |
| 1938 | 2.054 |

标注：a）俄国；b）仅记录有 115 吨的出口量

　　"富农"被诬蔑为农业资本家和体制敌人，他们在许多地方被驱逐和谋杀，这逐渐演变成了重要的统治工具，用于在农村制造恐慌，特别是"富农"身份的认定标准根本不明确。据当地党组织的报告，在 1930 年初的几个月内，已有 50% 到 60% 的农村土地被"集体化"。然而，这导致了严重的后果，因为许多农民的私人财产面临着被转为集体农场的集体财产的命运，于是他们开始屠宰牲畜并出售储备物资。从 1930 年到 1932 年，牛的数量从 5820 万头下降到 3350 万头，猪的数量从 1940 万头下降到 990 万头，羊的数量从 9740 万只下降到 3400

万只。正如理查德·洛伦茨（Richard Lorenz）在其关于苏联社会史的经典研究中所述，"暴力集体化在几个月内彻底摧毁了农业生产"，"畜牧产品的产量在 1928 年超过 1913 年的水平 37%，而在 1932 年只达到战前水平的 75%"。①

　　谷物种植同样受到了严重影响。在组织集体农场经济的过程中各方面都出现了问题，这是因为经常由缺乏务农经验的基层官员来管理这些农场。为了不影响 1930 年春季的播种，党的领导层稍微放松了集体化的压力，但在收获后却更加严厉地继续执行该政策。面对日益下降的收成，当权者降低了用于农民自家消费的粮食配给，并施加更大的压力没收了越来越多的收成。这直接导致了劳作牲畜的严重缺乏，它们因为饲料短缺或者仅仅是因为集体农场糟糕的饲料分配而死亡。

　　尽管在 1930 年曾短暂放慢了强制集体化的速度，但到 1932 年，马的数量从 3260 万头下降到 1730 万头。这个五年计划想要通过增加拖拉机的使用来弥补牲畜劳力的损失，却未能实现。计划官僚机构的夸大宣传曾让超过 1400 万个农场和 20 万多个集体农场抱有希望，但考虑到 1928 年仅生产了 1300 台拖拉机，这从一开始就是不切实际的。尽管拖拉机的生产到 1936 年达到了年产 11 万台，确实令人印象深刻，但由于短期

---

① 理查德·洛伦茨，《苏联社会史》，第 1 卷第 194 页、第 200 页。

内无法弥补耕作和运输中的牲畜劳力的缺失，1931 年秋季的谷
物产量急剧下降。

　　偏偏是乌克兰、高加索和伏尔加这些曾经粮食充裕的区
域，如今却面临着饥荒，对此也许蒂莫西·斯奈德（Timothy
Snyder）描绘得最为生动。在现代工业社会，粮食供应不足一般
出现在城市，城市居民可以依靠农村供应来缓解饥饿问题，但现
在苏联饥饿的农民却涌入城市，当权者试图采用一切可能的甚至
暴力的手段来阻止这种情况的发生。蒂莫西·斯奈德和罗伯特·孔
奎斯特（Robert Conquest）引述了目击者的报告，其中描绘了
荒芜的土地、废弃的村庄以及戏剧性的、文明尽毁的场景。

　　1932 年至 1933 年冬季，在苏联暴发了一场灾难性的饥荒，
但由于忙于报道全球经济问题，此事在西方媒体中鲜有报道。
偶尔可以找到的一些迹象表明，西方国家故意选择性地忽略对
人道主义灾难的报道。[①]最终全球公众对此关注较少的原因很有
可能是苏联领导层故意系统性地掩盖了饥荒的情况，例如禁止
西方记者的报道，并在官方统计数据中隐瞒一些数据。

　　直到 20 世纪 80 年代，苏联官方历史学一直否认乌克兰和
北高加索的饥荒。因此，西方观察者只能依赖对受害者数量的
推测和估计。早在 1946 年，国际联盟的人口统计学家弗兰克·洛

---

① 请参考斯奈德的《血土》第 178 页及以后，以及孔奎斯特的《悲痛
的丰收》第 309 页至 316 页，但书中的描述也并非毫无争议。

里默（Frank Lorimer）就估计，仅苏联饥荒造成的死亡人数超过 500 万人，这还不包括自然死亡率。苏联统计学家在 1990 年的研究中估计，仅在 1933 年的饥荒中死亡人数达到 730 万人，他们通过比较平均出生率与 1937 年人口普查的结果得出这一结论。[①]这些死亡人数是由于苏联当权者不负责任的集体化政策导致的，虽然与全球经济危机也有一点联系，因为苏联的谷物出口恰逢在对其工业化政策至关重要的时期受到压力。它被视为全球经济危机史上的一部分，作为一个并行的危机存在。

## 全球经济危机中的经济繁荣

苏联在工业化方面则取得了显著的成就。尽管是在全球经济危机期间，苏联却实现了即使在经济景气的高峰期也足以令人瞩目的经济增长率。虽有人对苏联的官方数据持怀疑态度，但 W.R. 戴维斯（W. R. Davis）这些西方专家对此再次进行深入观察，如今认为在 1928 年至 1940 年的 12 年间，苏联的工业生产增长了两倍，年平均增长率在 7.1% 至 13.6% 之间。而与此同时，在美国或德国，工业生产在 1932 年的经济危机中

---

① 有关死亡人数的统计在过去经常引发争议。我们参考了戴维斯、惠特克罗夫特的《人口》（*Population*）一书第 72 页至 77 页的数据。该书详细列出了历史上不同的估算结果。

下降了 40% 至 50%。对于饱受经济危机困扰的西方工业来说，苏联暂时成为一个蓬勃发展的市场。

　　由于国内生产迟缓，苏联在 1931 年购买了全球 90% 的出口拖拉机。美国将其一半的机床出口到了苏联，而据德国机床出口商称，在 1930 年至 1933 年间的全球经济危机时期，其出口量得益于苏联市场的需求翻了一番，正如帕特里夏·弗洛尔（Patricia Flor）的调查结果所示。而苏联的出口额到 1931 年也显著增加到了 11 亿卢布，连 1932 年也实现了 1.29 亿卢布的贸易顺差。然而，自 1931 年以来，苏联整体进口量开始减少，1935 年的进口总值仅为 1931 年峰值的五分之一。

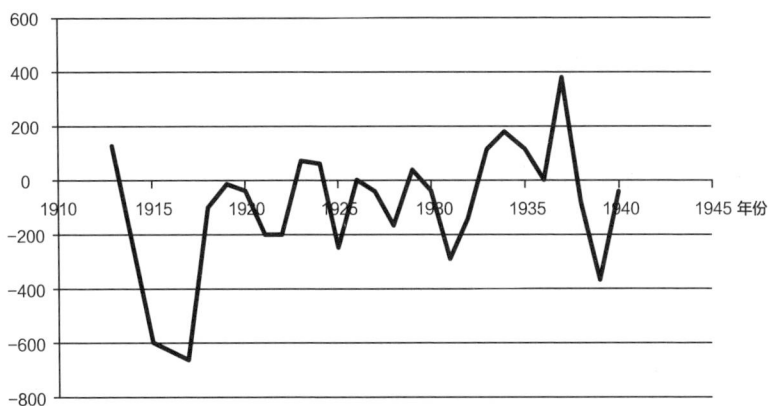

图 8：1913—1940 年苏联贸易收支统计图
（以当时的价格，单位：百万卢比）[1]

---

[1]　戴维斯、惠特克罗夫特，《苏联的经济转型》（*The economic transformation of the Soviet Union*），第 317 页。

苏联工业化繁荣的冲击效应并不仅限于对进口商品需求的影响。西方国家还从苏联工业化的就业效应中受益，尽管这种影响相对于庞大的失业人数而言仍显得不足。这一就业效应并不怎么体现在普通劳动力上，而是体现在那些高素质的专家和工程师上，他们由于在自己国家的就业机会不佳，愿意移居到苏联，而在正常全球经济条件下，这种迁移现象是极为罕见的。就此而言，可以看出年轻的苏联在全球经济危机中实际上获益颇丰的方面。据称，1933 年约有 3.5 万名西方专家在苏联工作。

总体而言，苏联的工业化受益于资本主义危机。全球经济危机不仅导致农产品出口价格下降，还导致苏联从西方国家进口的工业成品和设备的价格下降。一些关键工业，例如机床制造业建设进展缓慢，在这个过渡阶段，苏联从资本主义的全球贸易崩溃和西方企业基于贸易信贷出口工业产品的意愿中获益。同时，苏联扩大了金矿的开采，保证有这种在金本位制国家中极为珍贵的贵金属来支付西方的出口商。

其中，用于建设强大工业部门的一部分投资流入了军工行业，苏联的军工业在 20 世纪 20 年代还远远落后于西方大国。但到了 30 年代，拖拉机、收割机、卡车和机床的生产得到了大幅扩张，建立了全新的工业链。已经很强的钢铁生产也得到了扩张，新的工业链配备了更高效的高炉。于是，工业化繁荣带来的国内需求越来越多地可以从国内生产中得到满足。煤炭产量在 1928 年后的短短五年内从 3500 万吨增长到 7630 万吨，并在 1936 年再次增长了 60%。生铁和轧钢的产量在第一个五年计划期间也翻了一番，1933 年分别达到约 700 万吨和 500 万吨，虽然还处于相对较低的水平，但已经是很不容易的事。实现这些产量的部分原因是消费品的生产停滞不前，尤其是纺织品在 1932 年甚至略有下降，进口行业的情况也是如此。

在解决了严重的饥荒危机后，苏联经历了一场更为强劲的经济复苏，甚至一些西方国家也从中受益，包括 1934 年与苏联签订贸易协定的英国。随后，美国成了苏联重要的工业产品进口伙伴，而德国在苏联对外贸易中的份额则大幅下降。但是总体来看，苏联的对外贸易量仅为沙皇时期的一半，尽管其工业增长在国外受到广泛关注，但主要是通过经典的进口替代模式推动的，其对全球经济复苏趋势的影响很小。

工业化带来了严重的社会后果：饥荒导致死亡，城市中的无家可归者生存艰难。这一切，即使是善意的观察者也给出了明确的评价："在俄罗斯没有欢笑的色彩，没有女人微笑。"这是社会民主主义者夫妇伊丽莎白·魏希曼（Elisabeth Weichmann）和赫伯特·魏希曼（Herbert Weichmann）的令人沮丧的描述。然而，他们所描述的苏联街头人们衣衫褴褛的景象并不代表普遍的感受。①

　　苏联的这场危机为我们提供了广阔的空间来探讨在全球经济危机中，通过全面控制经济和对外贸易使其在很大程度上脱离外部经济的影响，是否就可以避开全球危机的影响。如果采用布哈林（Bucharin）等"右倾"布尔什维克的温和工业化政策，是否就可以在不导致饥荒的前提下实现快速增长？

---

① 赫伯特·魏希曼、伊丽莎白·魏希曼（1931），《苏联国家的日常生活：苏联国家中的权力与人，愿望与现实》（*Alltag im Sowjetstaat. Macht und Mensch, Wollen und Wirklichkeit im Sowjetstaat*），柏林。引自阿尔特里赫特（Altrichter）、豪曼（Haumann），《苏联2》（*Die Sowjetunion 2*）第325页。

# 第三章
## 争议中的全球经济危机

关于全球经济危机对经济学理论的重要性，其中最广为引用的话来自曾经在 2006 年至 2013 年间担任美国联邦储备委员会（FED）主席、同时又是研究大萧条的历史学家的本·伯南克。伯南克将这场危机称为"宏观经济学的圣杯"，这一说法表明追寻这场迄今为止最严重的工业危机的根源至今仍然是经济学理论的核心问题之一。[①] 他借此还暗示，一旦找到这个圣杯，就可以期望得到"拯救"，即让经济摆脱普遍面临的危机的威胁。

伯南克在 2007 年金融危机爆发之前就写下了这句话。作为美国货币政策的核心人物，他总是一再地被人追问：国家和央行可以采取什么措施来"逆向操作"？对于美国而言，答案是在某种程度上通过资金的"泛滥"来刺激经济，也就是提供规模庞大的经济援助。这引发了围绕国债和通货膨胀风险的激

---

① 伯克南，《大萧条论文集》（ *Essays on the Great Depression* ），第 5 页。

烈辩论，在这个过程中，特别是经济自由主义者还特别强调了一个传统的论点——即危机有时对经济也可以有积极的作用。那些竞争力不强的企业会被淘汰，经济会在某种程度上被"冲洗掉"结构性的问题。最终实现一个更加高效的经济体，至少在理论上如此。

但有一个问题不可避免地会涉及：在这之前究竟会造成多少破坏？公司大规模裁员，特别是年轻人失业。这不仅仅是受影响人群的问题，而是对民主制度本身提出了质疑。一个为了其公民利益行动的国家，难道不应该关心他们的物质福祉吗？对国家行动选项的讨论、民族主义的抬头、对民主体系的威胁、激进政治思潮的出现与成功——这一切都是在大萧条期间凸显得极为严重的问题——各国必须以某种方式来应对这些问题。正是这场危机空前的严重程度极大地影响了经济学思维，并导致了在根本上重新定义国家与经济的关系。

在这一章节中，我们将阐明大萧条并不"仅仅"是一个历史经济学问题。应该说，对大萧条的历史学研究与经济学理论的当前发展密切相关，特别是在 20 世纪两大主要经济学派别——凯恩斯主义者和货币主义者的论争中，大萧条扮演着关键的角色。两派的学者在讨论和展示理论问题时总是一再地提到大萧条。更重要的是，有时大萧条甚至成了他们争论理论问题时的主要竞技场。但是，如果回顾围绕全球经济危机的经济理论辩论，就会发现借用大萧条能够很好地支持极为不同的理论观点。这一事件本身在这个过程中往往变得模糊不清，本章的内容最终——至少我们希望如此——使人相信，有关全球经济危机的起因和特征的问题，最终只能"历史性地"而非"理论性地"回答。

## 国民经济学中的危机问题

为什么会出现经济危机这个问题，并不是自全球经济危机以来才开始困扰着经济学。尽管这次全球经济危机并非现代资本主义的第一次或最后一次大危机，但正如本书开篇所述，在过去几个世纪中，危机的性质和过程发生了极大的变化。如前现代时期的饥荒具有相对可明确辨认的起因，即一次或连续多次发生的农业歉收。而现代危机则更难以解读，虽然过去和现在都有典型的危机现象，如销售危机或者企业破产以及金融市场危机，但它们的根源并不那么容易解释清楚。

然而，对于古典经济学派和新古典经济学派来说，经济危机起初从理论上来看并不是问题，因为这些理论从两个前提出发：一方面，它们以所谓的"萨伊定律"为基础，即每一份供给都会创造自己的需求，所以长期来看不存在过度生产的可能性；另一方面，这是一种"静态"的理论方案，认为经济变量会立即适应。例如，当工资上涨，企业对劳动力的需求就会下降，从而导致工资再次下降。如果信贷需求增加，利率也会同时上升。随后，投资减少，这又会导致对劳动力的需求下降（即工资下降）。经济波动的特点在于，工资、商品价格和利率并行上升和下降，但从新古典静态理论的角度来看，这实际上是不可能发生的，除非有一个外部因素阻碍了上述的自适应过程。

直到 1890 年前后，经济学界才开始广泛讨论周期性危机的根源，这一讨论在 20 世纪 20 年代最终演变成该学科最重要的议题之一。这些讨论主要集中在从理论上解释国民经济中有规律的周期性发展过程。这些理论的共同点是认为经济的繁荣和衰退相互依存并相互关联。繁荣总会在某个时刻结束，而在衰退期间则会产生使经济最终再次复苏的前提条件。虽然各种经济理论在将哪些因素视为周期性波动的原因这个问题上存在明显的差异，但这种基本的理论模式被学术界普遍接受。

对于所有这些理论来说，全球经济危机是一次严峻的考验。更重要的是，它似乎推翻了学术界的基本假设。例如 20 世纪 20 年代主流的周期性经济理论的一个重要特征是：经济衰退通过降低工资和利率来为经济复苏创造条件。然而，大萧条似乎证明了情况正好相反：商品价格、利率和工资下降的幅度并没有达到理论上与危机严重程度相符的程度。同时，经济在生产和失业方面经历了看似无底洞的恶化，似乎总也达不到谷底，市场机制似乎根本不运转了。这不仅仅打击了对经济自我恢复能力的信心，还表明了关于经济运作方式的基本科学假设是有问题的。所以，我们首先可以断定，关于政府如何有效干预经济生活这个问题，几乎没有任何深入思考的理论。

大萧条引发了关于其起因和应对方案的广泛讨论。在此期间，仍然有经济学家试图在 20 世纪 20 年代的经济循环理论框架下解释这场危机。例如，在当前的金融危机时期重新获得越来越多拥护者的一种危机解释理论来自奥地利经济学家路德维希·米塞斯（Ludwig Mises）和弗里德里希·哈耶克（Friedrich Hayek）。他们认为，这场严重危机的起因在于美国在 20 世纪 20 年代的经济高景气，是经济繁荣导致了结构性失衡，而这场危机则是一个痛苦的调整过程。根据米塞斯和哈耶克的观点，大萧条的严重程度只是证明了先前的经济繁荣是多么不健康和过度。国家能做的最好的选择就是静观其变，让危机发挥有益的作用。这种危机解释理论在 1934 年由伦敦政治经济学院院长莱昂内尔·罗宾斯（Lionel Robbins）通过他的著作《大萧条》介绍给了更多的读者。而自 1932 年起在哈佛大学任教的奥地利经济学家约瑟夫·熊彼特则认为，全球经济危机是多个经济周期的低谷相互叠加的结果。这样来看，它就是正常周期性变化的一个极端案例，至少这样还可以在旧理论框架内得到解释。就此而言，这两种经济循环理论的变体都代表了一种自由主义的视角，它将危机解释为经济调整过程造成的必然影响，而经济调整过程对于资本主义的创新能力来说又是不可避免的。按照这种观点，任何形式的国家干预都倾向于加剧危机。

在危机逐步升级的时候，就有一批具有影响力的欧洲经济学家进一步发展了这一概念，他们后来被称为"新自由主义者"。根据沃尔特·欧肯（Walter Eucken）为代表的德国经济学家的观点，这次经济危机之所以如此严重，是因为市场上商品价格的形成受到了大公司（包括卡特尔和辛迪加集团）的"寻租行为"，工会的卡特尔行为以及政府未能保证有效的市场秩序这些因素的阻碍。这些经济学家建议由一个强大的国家基于经济专业知识来实施和确保原本在危机中不会自行形成的有效市场秩序，以此作为应对危机的措施。这种形式的秩序政策后来在西德被称为"社会市场经济"。

然而，到了20世纪30年代初，这些经济学家对危机的解释以及他们的应对建议越来越受到冷落，因为他们在克服形势急剧恶化的危机方面几乎没有什么贡献，而且他们的解释看起来并不适应大萧条的特殊性质。这场讨论更多地向两个不同的方向发展。一方面，人们迫切地想要知道应该立即采取哪些行动，以及如何才能在面对传统经济政策下的危机时不至于不知所措。简单的"等待"或者不痛不痒的干预似乎不再合适。另一方面，现代的、自由主义的、资本主义的经济体系现在普遍受到质疑，因此需要制定根本性的替代方案。即使在资本主义的"标杆国家"美国，也开始有人从根本上怀疑资本主义在未来的可持续性。特别是现在人们注意到，20 世纪 20 年代的经济繁荣主要是基于耐用消费品的生产。但是，如果每个家庭都已经拥有一座房子和一辆汽车，需求饱和了会发生什么呢？一个曾经实现了这片广阔土地的建设和开发的经济体系会不会被迫陷入停滞，甚至走向衰败呢？

这体现了这场危机的严重性，因为研究者们越来越少探讨危机的具体起因，将重点放在必须找到什么样的秩序政策来应对危机的问题上。而这些辩论恰恰反映了经济学在寻找引发危机的原因以及如何应对危机方面的无所适从。德国一家原本严肃的专业杂志《世界经济》在 1931 年夏天以一种极具挑衅的方式将这种无所适从展现到了极致——它让一位占星家用星象不祥来解释这场全球经济危机。编辑在引言中写道：在当今时代，任何理论终究都需要接受检测！德国政府收到了数千份关于如何克服危机的建议，但这些建议大多缺乏深思熟虑，很少具备实际可行性。虽然可以轻易地要求采取创造就业的措施，但在理论上很难为其提供合理的依据。

于是，这场全球经济危机的戏剧性以及主流国民经济学说合法性的丧失，为一种新的理论成为经济学的主导范式创造了前提条件。

因此，英国经济学家约翰·梅纳德·凯恩斯在 1926 年发表的著作《就业、利息和货币通论》( *General Theory of Employment, Interest, and Money* )，通常简称为《通论》，这部著作在经济学史上无疑是一个里程碑。凯恩斯至少让许多同代人不再不知所措，而且他的作品几乎像是一种启示一样受到经济学界大部分人士和公众的欢迎。凯恩斯在《通论》发布前早已是知名人物。早在 1919 年，他就以著作《和平条约的经济后果》( *The Economic Consequences of the Peace* )成为世界畅销书作家。在这本书中，他批评了第一次世界大战结束后被加诸德国身上的赔款。尽管这本书在战胜国（特别是法国）引起了部分激烈的反驳，但凯恩斯因此在 20 世纪 20 年代成为国际上享有盛誉的经济专家之一，对本国和其他国家的政策制定都有重大影响力。此外，他还是麦克米兰委员会的主导成员之一，该委员会自 1929 年末以来一直致力于寻找应对经济危机的答案。在与英国财政部和英格兰银行代表们的正统财政观念的碰撞中，凯恩斯逐渐完善了他的论点。

我们在这里无法详细展开凯恩斯的学说，这本书的标题已经表达了英国经济学家的高标准，即要提出一种"通论"，这种理论认为，新古典前辈们视为正常情况的普遍经济均衡状态尽管不是不可能，但可能性很小。凯恩斯认为，市场在大部分情况下都处于不均衡状态，但在某些条件下会导致危机。这些条件包括他在大萧条中观察到的私人家庭消费意愿低和企业投资热情不足。人们开始储蓄而不是消费或投资，这使得经济缺乏流动性。这种行为是由不确定的预期引起的，最终导致商品价格下跌、生产萎缩和失业。凯恩斯提供了对全球经济危机的具体解释，但他为此描述了广泛的宏观经济联系，将其系统地总结在了有关现代经济体运作的理论之中。这种对经济体运作方式的描述使得这本书在经济学术界备受青睐。

此外，这本书还全面说明了，国家通过哪些手段可以克服这种根本性不均衡的情况。当国家通过贷款来增加支出，就可以弥补流动性的不足，从而促使商品价格和工资再次上升，并重建对经济的信心。由于经济的潜在产能（例如以失业和未利用的机器设备的形式存在）未被充分利用，所以几个周期以后通过"乘数效应"就可能出现经济复苏，这种复苏的规模可能超过政府支出的金额，然后通过在经济复苏后增加的税收收入再次削减产生的政府债务。

凯恩斯的理论为围绕危机问题展开的辩论开辟了新的方向，因为对危机起因的追问变得不再重要，或者说国家的反周期危机政策不必针对特定的危机起因。如果凯恩斯关于经济处于未充分就业状态下可能达到平衡的发现是正确的，那么国家就被赋予了在发生危机时进行干预的关键职责。在 20 世纪 20 年代的经济周期理论中，国家基本上不被视为一个值得讨论的经济因素，因为重点是设计一个关于资本主义正常发展的理论。然而，全球经济危机似乎迫使政府必须进行干预，而凯恩斯创造的理论基础为这种干预提供了正当性。

当然，不是所有人都对凯恩斯的理论感到兴奋，一些年长的经济学家对《通论》持怀疑态度。但美国的年轻学者们对这本书抱有无限的热情。约瑟夫·熊彼特后来不无嫉妒地说，他当时任教的哈佛大学的学生们等不及《通论》在书店发售，因此组织了预订。1981年诺贝尔经济学奖得主詹姆斯·托宾（James Tobin）当时也是哈佛的学生，他这样描述说："凯恩斯经济学是专门用于政策效果分析的。凯恩斯在 20 世纪 30 年代告诉我们这些大学生，面对大萧条这一难题应该如何行动。他给了我们运用一套新的分析工具的乐趣，同时带给我们信心，相信运用这些工具可以拯救世界。"[1]

对经济学而言，全球经济危机最终成了一场学科变革的起点，瑞士经济史学家汉斯-约尔格·西根塔勒（Hans-Jörg Siegenthaler）将其描述为"根本性学习"。他指的是由重大事件引发的学习过程。在这个过程中，那些用来理解真实世界的基本范畴被重新构建，旧有的范畴显然已经不再能够很好地解释现实。在全球经济危机的情况下，这意味着人们意识到：经

---

[1] 引自克斯廷（Kesting），《约瑟夫·熊彼特的经济著作》（*Das ökonomische Werk Joseph A. Schumpeters*），第 176 页。

济自身可能产生危机，而这些危机至少在短期内不会自行解决，国家必须负起责任并采取干预措施，以至少限制这些危机所造成的后果。随着全球经济危机的爆发，经济最终成了国家的事务，同时带来了积极和消极的后果。

## 弗里德曼、施瓦茨、特明、艾肯格林的辩论

第二次世界大战后，凯恩斯的学说在美国、英国以及欧洲大陆，成为主导的经济学理论，尽管所谓的"凯恩斯主义"有时会简化和弱化大师的教义。它的成功与全球经济危机的历程有关，也与凯恩斯声称自己提出了关于经济增长和就业的"通论"，而基于这一理论可以做到"控制"经济进程和缓解经济危机有关。因此，凯恩斯的理论不仅是对大萧条的回应，而且在 20 世纪 40 年代初期，经历第一次世界大战后严重的调整危机后，它还为应对预期中的战后问题提供了一种有吸引力的理论选择。众所周知，1945 年之后至 20 世纪 60 年代中期，虽偶尔出现小规模经济衰退，但总体上这一时期是持续了近 20 年的高景气期，这被视为经济政策和经济周期越来越协调的结果。在这段时间内，凯恩斯理论由凯恩斯研究员们进行诠释并结合时代特色进一步发展，使得经济不均衡不再被视为经济的正常状态，而是作为本来均衡的经济中的例外。这种自 20

世纪 50 年代中期以来被美国经济学家保罗·萨缪尔森（Paul Samuelson）（他撰写了 20 世纪最具影响力的经济学教科书之一）称为"新古典综合"的凯恩斯主义成为宏观经济学界的"主流"和解释世界经济危机事件的主要框架。

然而，到了 20 世纪 70 年代，在持续近 20 年的高平均经济增长率阶段之后，西方工业国家再一次经历了经济增长乏力和失业率回升，形势随之发生变化，凯恩斯主义受到了质疑。许多经济学家认为凯恩斯主义体现在国家无节制的扩大支出政策上，而这种政策早已不再能带来预期的宏观经济效应。相反，它们导致了"滞胀"，即经济停滞伴随通货膨胀的不利局面。在批评凯恩斯主义的声音中，最重要的来自美国经济学家米尔顿·弗里德曼。他在 1963 年就已经和同事安娜·J. 施瓦茨合著了《美国货币史》（*Monetary History of the United States*）一书。这部作品在一定程度上成为后来被称为"货币主义"的经济理论的奠基文献，是将美国经济史撰写成一部货币供应和货币量发展史的野心勃勃的尝试。在这本书中，弗里德曼和施瓦茨设想出与凯恩斯主义截然不同的场景，用于定义经济危机的特征，并且对适当的经济政策和财政政策得出了完全不同的结论。

就像凯恩斯主义一样，作为其"对手"的货币主义也只能概括地描述，它的核心基本假设首先是，货币不仅仅是盖在经济生活上的"面纱"，即不仅仅是衡量商品价值的标准以及商品之间价值关系的表达方式，而是一个具有自己的规则和自身规律的决定性因素。然而，这并不是一个新的认识，特别是第一次世界大战后欧洲严重的通货膨胀已经提示了这样的看法。前文提到过的经济学家路德维希·米塞斯和弗里德里希·哈耶克在 20 世纪 20 年代中期发展出一种理论，认为过低的货币利率会带来短期经济繁荣，但随后会导致经济萧条。在他们看来，追求的理想状态是货币保持中性，即货币量尽可能不对经济生活产生影响，并且价格忠实地反映商品之间的价值关系。

这些有关货币的自由主义理论的背景是数量论，数量论的不同变体自 17 世纪以来就已为人所知。在战间期，人们最常引用的是美国经济学家欧文·费希尔在 1911 年用来描述这种数量理论关系的交换方程式。这个方程式指出，货币量乘以货币流通速度等于商品价格水平乘以国民经济中的交易数量（$M \times V = P \times T$）。这个方程式本身只是形式化的表达，在货币量或货币流通速度增加时（即经济主体在一段时期内使用货币进行支付的频率增加），商品价格水平或交易数量（或两者）必然增加。但数量论者认为，因为商品数量的规模不变，交易数量在短期内是不变的，货币流通速度也是如此，因此货币量的增加会直接导致商品价格水平的上升，但它对国民经济没有其他的影响。凯恩斯否认了这种"机制"。他认为，这是一个非常复杂的、经由货币市场和资本市场实现的适应性调整机制，受到许多不确定因素的影响，甚至可能完全中断。当凯恩斯写到关于利率对货币市场上的价格机制仅存在间接影响的内容时说："然而，如果我们声称货币是刺激经济生活使之活跃的饮料，那么我们必须记住，在杯子和嘴唇之间还有很多事情可以发生。"[1]

　　米尔顿·弗里德曼及其同仁在第二次世界大战后重新复活了货币数量理论，并在这个过程中吸收了凯恩斯的一些思想，特别是他们考虑了流通速度的波动情况，并像凯恩斯所做过的那样，将货币量的扩大作为一个市场进行建模。但与凯恩斯不同的是，他们认为货币供应而不是货币需求才是这一市场上的决定性因素。货币供应决定了商品价格水平和利率的高低，从而决定了宏观经济的核心指标。"货币主义者"们在这个过程中深入探讨了货币量的变化在国民经济中如何发挥影响以及为了防止可能发生的经济危机，必须在何种框架下例如通过央行的利率决策或通过公开市场操作来影响货币量等问题。因此，他们批评了凯恩斯的危机对策，认为这种政策只有在确实观察到了通货紧缩趋势时才有效，否则就存在让这些经济工具失效的危险，或者反而制造出带来许多未知风险的通货膨胀。相反，他们认为货币供应应当主要以经济产出为准，这可以理解为一

---

[1]　凯恩斯，《就业、利息和货币通论》，第 146 页。

种由米塞斯和哈耶克提出的"货币中立性"目标的修改版本。

"货币主义"还通过采用新方法丰富了这场经济理论辩论。许多理论论点尝试通过计量经济学计算来进行实证。为此还部分地使用了经济历史学知识，而《美国货币史》在这一背景下也是一部具有理论论证性质的作品。书中最具争议和最常讨论的部分是弗里德曼和施瓦茨专门探讨全球经济危机的大约 100 页内容。因此，这一章节最终被"分离出来"作为独立的书出版，书名为《大收缩》（*The Great Contraction*）。其中他们主张，美国的大萧条首先是一个国内现象，它一开始是由美国央行实施的紧缩货币政策导致的货币量减少引起的。从 1930 年末开始，特别是多次银行倒闭的浪潮导致经济失去了流动性，最终货币量减少了约 30%。他们认为这是美国经济产生通货紧缩趋势的主要原因。

对于弗里德曼和施瓦茨解释危机的货币主义视角，最初在危机的起因上引发了极大的争议。第一波银行倒闭在 1930 年末才开始，在那之前美国的货币量并没有显著下降。按照这种解读方式，弗里德曼和施瓦茨虽然可以用他们的收缩论点解释危机加剧的原因，却无法解释危机本身为何会发生。他们对这个问题的回答令人吃惊。他们声称，美国经济中的通货紧缩不是从 1929 年 10 月的股市崩盘开始的，而是早在 20 世纪 20 年代下半期就可以观察到通货紧缩的趋势，这使得美联储必须采取扩张的货币政策。尽管美联储由于经济增速放缓（以及为帮助英格兰银行应对大规模的资本外流）而在 1927 年初降低了基准利率，但仅仅一年后就又将其大幅提高。美联储此举旨在遏制华尔街的投机活动，但未能如愿，同时还给经济发展关上了"源泉"。

最终，正如弗里德曼和施瓦茨明确指出的那样，大萧条的历史，连同其所有的戏剧性和悲剧性，主要取决于一个人物：本杰明·斯特朗——纽约联邦储备银行的负责人，美国最有影响力的央行家，他在 1928 年春季辞职，并在同年秋天去世。在他辞职后，美联储内部支持实行紧缩货币政策的代表占了上风，这在 1928 年春季和夏季的利率上涨中就已经体现出来了。弗里德曼和施瓦茨认为，原本斯特朗在那时就会凭借他的权威和专业能力阻止这样的政策，更不必说在全球经济危机期间。他的继任者乔治·哈里森（George Harrison）从未在华盛顿特区的美联储董事会中获得像斯特朗那样的权威地位。

经济学家彼得·特明在其于 1976 年发表的作品《货币力引发了大萧条？》（Did Monetary Forces cause the Great Depression?）中对弗里德曼和施瓦茨的理论进行了探讨。他因此研究了货币因素是否是引发全球经济危机的起因这个问题，作为凯恩斯主义者，他的答案是否定的。特明主要研究危机的开始时间，并反驳了弗里德曼和施瓦茨的观点，认为仅仅通过货币供应不能充分解释货币总量的问题。而是必须将被这两位货币主义者基本上完全忽略的货币需求也考虑进去。他提出了与弗里德曼和施瓦茨提出的"货币假设"相对的"支出假设"，后者主要将危机和货币总量的下降归因于投资的自主减少。特明认为，很少有证据表明 1929 年和 1930 年的货币短缺程度比 1921 年或 1938 年更严重，而美国在这些年份分别克服了一次危机（1920—1921 年和 1937—1938 年）。就算是 1930 年末开始的第一波银行倒闭也没有造成如此严重的通货紧缩效应，因此不能解释这场危机的特殊严重性。特明认为，货币需求的下降速度比货币供应更快，所以信贷需求低迷，因为人们认为投资带来的销售前景太差。投资的减少反过来又会导致收入的下降，这种发展最终形成了异常强烈的内在趋势。

目前，弗里德曼、施瓦茨与特明之间的争论已经平息。几年前，特明为一本重要的手册撰写了一篇关于全球经济危机在美国的综述性文章，他在文章中表现出了相当包容的态度，并承认了他的货币主义者对手们的一些观点。尽管对于危机开始阶段的解释仍然存在分歧 —— 实际上，正如查尔斯·金德尔伯格认为的那样，弗里德曼和施瓦茨试图简单解释 20 世纪 20 年代的繁荣是最不令人信服的。因此，全球经济危机的爆发不能仅仅从货币的角度来解释，还必须考虑美国经济的结构性问题，特别是农业部门的问题。

有一个共识是，银行倒闭的浪潮决定性地加剧了美国经济的通货紧缩趋势,并且迫切需要美联储采取扩张性的货币政策。支持这种观点的人不一定非得是"货币主义者"。长期以来,他们与"凯恩斯主义者"的区别并不在于是否一般性地反对干预经济生活,而在于干预的方式。换句话说,凯恩斯主义者对于改变货币总量的有效性持怀疑态度,相反更青睐于增加信贷或者说增加政府支出的手段,利用由此产生的乘数效应来重启经济的发展。而货币主义者则在原则上奉行货币中立的政策:即在通货紧缩时增加货币供应,在通货膨胀时减少货币供应。然而,在大萧条期间,无论是像弗里德曼、施瓦茨这样的货币主义者,还是像彼得·特明和查尔斯·金德尔伯格这样的凯恩斯主义者,都认为最晚从1931年开始,迫切需要美联储采取扩张的货币政策。

　　还有一个问题,那就是仅仅孤立地考察美国的情况是否足够。一方面,美国拥有巨大的国内市场,本身具备实现周期趋势逆转的潜力。而且毫无疑问,美国资本的撤离和需求的下降加重了全球经济危机。另一方面,大萧条的开端在这里仍然是一个难题:为什么美国在1929年至1930年间略微限制货币量,不仅导致了美国贸易伙伴和债务国的经济问题,还立即引发了全球性的危机?之所以说这是一个难题,还因为危机在一些国家(如德国、加拿大或澳大利亚)比在美国更早开始。此外,美国有显著的贸易顺差,因此出口明显超过进口,而出口是美国经济活动在危机初期首批明显下降的指标之一。

这个问题引起了美国经济学家巴里·艾肯格林的关注，他在其 1992 年出版的《黄金枷锁》（*Golden Fetters*）一书中试图对此进行解释。艾肯格林认为，危机的关键传播机制是金本位制。他的第一个论点是，在 20 世纪 20 年代不稳定的世界经济格局下，金本位制对国际利率水平产生了巨大的影响。当美联储提高利率，欧洲和拉丁美洲的中央银行通常也不得不立即效仿，否则它们将遭受资本外流之苦，而由于它们收支平衡存在严重问题，所以承受不起这种损失。按照艾肯格林的观点，美联储自 1928 年以来的紧缩货币政策也是导致其他国家利率升高的原因。与此同时，美国经济对这一政策作出的反应是部分地撤出在国外的资本投资，这又可以解释为什么某些国家的危机比美国更早开始显现。

艾肯格林的第二个论点是，即使在危机爆发后，金本位制在推动通货紧缩趋势的发展中也发挥了至关重要的作用，而通货紧缩趋势的发展正是导致危机特别严重且持续时间特别长的原因之一。它不仅导致美国人撤回境外资本，还导致各国央行纷纷将它们的外汇储备兑换成黄金，目的是在国际情况不确定的背景下增强自身的资本基础，以维持金本位制，实际上就是为了囤积黄金。随之而来的黄金流失导致利率进一步上升，最终使得商业银行越来越难以再次获得融资。出于这个原因，它们几乎不再发放贷款，并经常拒绝延长现有的债权。相反，各国央行单边进行的公开市场交易可能立即导致资本外流，因为其效果原则上等同于降低基准利率，投资者不得不担心货币贬值的问题。

　　艾肯格林的观点也在学界引发了激烈的讨论。然而，他认为金本位制是导致这场经济危机在全世界传播的原因之一，这一观点目前在大部分研究中基本上被接受。艾肯格林认为，金本位制限制了各国的货币政策空间，迫使它们在稳定经济的目的下恰恰采取了反作用的政策。正如刚刚以1931年初夏开始的欧洲金融危机为例所证实的那样，这些限制导致了各国即使面对如此严重的灾难还仍然相互作对而非相互协作。就此而言，他将经济历史学角度的分析与全球经济危机期间的国际关系史很好地结合在了一起，这大大增强了其观点的说服力。只是历史的悲剧性讽刺在于，直到20世纪30年代初期，金本位制在公众眼中一直被视为稳定世界经济秩序的保证，而实际上恰恰相反。正如帕特里夏·克拉文（Patricia Clavin）在她的新书中指出的那样，在20世纪30年代初期就已经有人发出警告，例如，国际联盟的经济与金融组织的经济学家们早早而又准确地指出了金本位制的通缩效应，然而未得到重视。

　　美国作为少数仍然拥有丰富黄金储备的国家之一，对于金本位制在何种程度上阻碍了美联储实施扩张性的货币政策这个问题，还存在分歧。弗里德曼和施瓦茨认为，扩张性的公开市场操作肯定不受金本位制的限制，他们认为美国的黄金基础完全足够。艾肯格林则认为情况很可能并非如此，而且美国在危机期间不仅面临资本外流的问题，还面临投资者信心丧失的问题。所以在他看来，只要美国还坚持金本位制，在危机中就同样缺乏足够的行动空间。用来讨论这一问题的历史上一个具体案例是美联储在 1932 年春季的公开市场操作，其中，谢章台（Chang-Tai Hsieh）和克里斯蒂娜·罗默指出，当时投资者的信心丧失和随之导致的资本外流并不构成特别大的问题。如果这种情况可以泛化，那么美联储的被动政策仍然是导致美国经济危机特别严重的一个重要原因。

艾肯格林提出的关于危机的国际维度引发了一个问题，即如何在国际层面应对这场危机。根据查尔斯·金德尔伯格的观点，1929 年的危机之所以持续如此之久、如此普遍和严重，是因为英国无能，而美国不愿意在三个关键点上稳定世界经济体系：为危机产品保持相对开放的市场，反周期性地提供长期资本，以及在危机时提供贴现。金德尔伯格认为，美国本应承担起阻止世界经济关系解体的责任，因为美国显然拥有最大的选择经济政策的空间。

巴里·艾肯格林也认为，国际合作是应对金本位制的通缩效应的唯一途径。与金德尔伯格不同的是，他认为首先应该在国际层面协调实现货币量的扩张。在他看来,对于全球经济来说,这将会比金本位制最终从1931年9月开始的无序崩溃要好得多——这种崩溃仅仅给予了英国及将其货币与英镑挂钩的国家一个"先行者优势",却进一步恶化了其他国家(特别是德国)的处境。

但有争议的是,为什么这样的国际合作没有实现?艾肯格林认为,这主要是因为当时对危机的不同解释导致的,而罗伯特·博伊斯在其最新的综合性著作《战间大危机》(*Great Interwar Crisis*)中则主张,主要是美国政府的激进孤立主义,加上英国政府及英格兰银行的反法国民族主义,阻碍了更紧密的合作。这本书引起了极大的争议,但可以肯定的是,它重新将经济史与国际关系史的联系带到了人们的视野中,尽管博伊斯对法国的支持体现了英国的经济和政治利益。

关于危机具体过程和确切起因的辩论将继续激烈地开展下去。目前已经达成了一定的共识,即货币量的收缩以及由金本位制设定的限制,是危机在国际范围内传播和加剧的决定性因素。然而,正如你所见,这远不意味着所有的研究问题都已得到解答。

## 博沙尔特争论

在德国,整个20世纪60年代和70年代是凯恩斯主义的全盛时期。在 60 年代后半期，经济政策甚至相信可以通过政策控制经济的发展过程，相信可以实现经济发展的"精细调控"。从这样的凯恩斯主义视角来看，德国面临的全球经济危机问题相对明确。总理海因里希·布吕宁非但没有实施反周期的扩张性信贷政策，而是最终受政治动机的驱使推行了背道而驰的节俭政策，即展示德国无力支付赔款并以此中止赔款的支付。其中涉及许多在今天至少存在争议的假设，例如赔款主要是民族主义圈子的政治问题，对经济并没有重大影响。对此，杰拉尔德·D. 费尔德曼（Gerald D. Feldman）曾尖刻地指出，唯一声称赔款没有经济影响的人是"一些历史学家"。[①]

在 20 世纪 70 年代末，慕尼黑的经济史学家克努特·博沙尔特（Knut Borchardt）通过几篇文章打破了这一凯恩斯主义"常识"，他对布吕宁政府经济政策的失败提出了质疑。博沙尔特强调，布吕宁的行动空间非常有限，因此他所采取的节俭政策实际上没有真正的替代方案。面对批评者的反驳，博尔哈特进一步强调了这一论点，并声称魏玛共和国的经济在 20 世纪 20 年代就已经饱受工资过高和投资不足之苦，他的论证可以总结为两个主要观点：

第一，布吕宁政府的行动空间非常有限。一方面，公众担

---

① 豪瑟（Hauser）在凯恩斯的作品《战争与和平》（*Krieg und Frieden*）中的引言，第 7—33 页。

心国家采取扩张性措施会导致通货膨胀再次发生；另一方面，国际资本市场上无法获得用于创造就业的贷款。

第二，博沙尔特进一步声称，魏玛共和国的经济在1929年之前就已经存在结构性的"疾病"。主要表现在工资水平过高，其增长率远远超过整体经济生产率的增长。这又导致投资不足，其中一个后果就是资本存量老化。

博沙哈特的论点在历史学界引发了激烈的争论，特别是遭到了凯恩斯主义取向的经济史学家的反对。莱纳·迈斯特（Rainer Meister）写了一部全球经济危机史，可以说是针对布吕宁的控诉，认为他通过节俭政策促成了希特勒的崛起。克劳斯-迪特尔·克罗恩（Claus-Dieter Krohn）认为，德国政府在大萧条期间的经济政策主要由政治利益决定，其中主要目标是削弱有组织的工人阶级，因此有意忽略了已有的反周期危机干预方案。

随着争论的深入，博沙尔特认为魏玛共和国工资过高的论点受到了批评。柏林经济史学家卡尔-路德维希·霍尔特弗里希（Carl-Ludwig Holtfrerich）在一篇具有影响力的文章中试图证明，魏玛共和国的工资到1928年仅仅恢复到了战前水平，他不仅考虑到工业工人的工资，还考虑到职员和公务员的工资。这一观点得到了其他历史学家的支持，霍尔特弗里希还进一步论证，如果当时采取了反周期性的危机干预措施，德国本可以更早地克服危机。

　　最近一次对这些论点进行深入探讨的尝试来自阿尔布雷希特·里特施尔，他是博沙尔特的学生，试图通过大量的经济计量分析工作证明他的学术导师的观点。除了介绍新的实证材料，特别是关于博沙尔特争论中引发激烈争议的工资发展变化数据序列外，里特施尔的主要关注点在于辩驳霍尔特弗里希的观点，即国家通过信贷资助的支出计划本可以让德国更快地克服全球经济危机。但里特施尔在他的论述中却证明了，这样的方案只在对德国非常有利的特定条件下才能奏效。

　　辩论的硝烟散去，我们可以确定的是，虽然博沙尔特的每一个具体论点并非都被接受，但他论述的总体方向大多数已经得到认可。当然这并不意味着他的反对者放弃了他们的立场。例如，汉斯-乌尔里希·韦勒（Hans-Ulrich Wehler）曾明确反对过博沙尔特的观点。然而，在经济历史研究领域，多数人应该都倾向于支持博沙尔特的立场，这一"胜利"并不是因为他所谓的"魏玛共和国工资过高"的论点。虽然实证显示，在20世纪20年代，魏玛共和国平均工资增长速度确实超过了总体经济生产率的增长速度。然而，单纯将魏玛共和国经济的结构性问题归因于此意义不大。对于重工业而言，像贝恩德·韦斯布劳在70年代就已经正确指出的那样，过剩的产能和高昂的资本成本对于许多企业来说是更为严重的问题。

　　韦斯布劳和其他反对博沙尔特的历史学家则倾向于将魏玛

共和国经济的结构性问题视为一种"责备游戏"——如果工资不是问题，那么工会的要求无论如何都是合理的。然而，他们忽略了许多企业为了解决问题而努力减少产能这一事实，尽管这些努力的成果通常有限。从这个意义上讲，雇主们并没有像人们所指责的那样只关注工资和工时问题。这些问题确实可以通过政策做出改变并因此成为公众讨论的焦点议题。但企业主们很清楚，他们的问题还存在于其他方面。正是因为这个原因，在许多关键行业存在产能过剩的情况下，降低工资是否真的会带来更多投资是值得怀疑的。在这一点上，可以说博沙尔特及其同僚们在经济理论上过于形式主义，他们有时过于简化了魏玛共和国经济形势的复杂性。

尽管工资水平是否对魏玛共和国的经济结构有影响仍存在争议，但博沙尔特的观点最有力地体现在，必须承认魏玛政府在经济政策方面的操作空间确实非常有限。一方面，1923 年的严重通货膨胀给德国社会带来了严重创伤，公众对再次发生通货膨胀十分恐惧。此外，其他在 20 世纪 20 年代面对严重通货膨胀问题的国家（如匈牙利、奥地利和捷克斯洛伐克）同样不情愿尝试货币政策。

当时还缺乏经济理论基础来合理地支持反周期性的干预措施。正如前文提到的，凯恩斯的《通论》到 1936 年才出版，此前虽然存在对这些措施的需求，但在理论上难以充分证明其合理性。后来经常被引用的德国"凯恩斯主义先驱"威廉·劳滕巴赫（Wilhelm Lautenbach）或弗拉迪米尔·沃伊丁斯基（Wladimir Woytinski）在经济危机期间就提出了反周期性的就业创造方案，不过论证往往不够明确，并且他们缺乏足够的专业声望，无法在经济政策中产生更大的影响力。此外，克努特·博沙尔特还指出，考虑到他们提议的财政规模仅略超过20亿帝国马克，而按照凯恩斯宏观经济学理论，启动乘数效应需要30亿帝国马克，所以这些方案即使实施也不会产生多大效应。

对于经济政策的困境，博沙尔特最重要的观点是第三点，即无法获得贷款以资助反周期性的经济刺激措施。这些困难早在1929年和1930年德国为了平衡国家预算而融资时就显现出来了，随着危机的进一步发展，融资的可能性变得越来越小。此外，正如我们在当前危机中每天在南欧国家的例子中看到的那样，信用评级与紧缩政策之间存在着关联：德国被迫节省开支，以求被视为可信的债务人。这种情况和像澳大利亚这样的国家没什么不同，它们作为英国的债务人也在一定程度上被迫实行类似的节俭政策。换句话说，在经济危机的背景下，谁会愿意借钱给德国，让其"挥霍"在创造就业的措施上呢？甚至英国在1931年夏天也遇到了这样的难题，当时为了获得美国的贷款，英国不得不大规模削减社会支出——这导致了超党派的"国民政府"在当年8月的形成。

如果德国政府无法获得必要规模的贷款，那么最终只剩下两种选择：货币贬值或由德国银行实施信贷扩张，即通货膨胀的货币政策。明显的货币贬值虽然可以一举改善德国的"贸易条件"，减轻通缩压力，但同时也会大幅增加国家的债务负担。信贷扩张的效果类似，虽然可能在时间上会延迟一些。然而问题在于，根据 1924 年的道威斯计划或杨格计划以及 1924 年通过的基于国际法的《德国银行法》，这两种选择都被禁止采用，以保证盟国对德国的债务要求，并防止通货膨胀的重演。

于是扩张性经济政策的可能性，最终只剩下了意味着违反杨格计划条款的措施。例如，当英国放弃金本位后，德国德国马克同样贬值，卡尔 - 路德维希·霍尔特弗里希称之为德国政府在危机期间的最大错误，他向参与的政治家们断言，违约在原则上不存在任何问题。查尔斯·费因斯坦（Charles Feinstein）、彼得·特明和詹尼·托尼奥洛（Gianni Toniolo）则认为，德国政府在 1931 年夏季爆发银行危机后未利用机会推行扩张性经济政策是一个严重的错误。最近甚至有人声称，哪怕仅仅是为了在危机中散播"希望"，不要让人们感到民主国家抛弃了他们，布吕宁也应该推行扩张性经济政策。然而，撇开经济影响不说，这样的象征性政策是否会有效，似乎值得怀疑。

在这一点上，问题的根本在于一些与事实相反的讨论。例如，法国对于违反协议从而损害其利益的行为会做出何种反应。

可以明确的是，国家的扩张性措施显然是违反民主行动规则和外交正常化路线的，并且这样做的回报是不明确的。海因里希·布吕宁毫无疑问不是一位在危机中传播希望或者合理传达其措施的政治家，极端的紧缩政策几乎从未受到普遍欢迎。此外，他还因为一些具有争议的举措受到了不无道理的批评，比如1932年初对东部农业的补贴或者盖尔森贝格（Gelsenberg）丑闻。

尽管如此，布吕宁在节俭上做出的努力最终被一些难以预料的发展破坏。相比1931年初夏发生的金融危机，英国在几个月后因放弃金本位制造成了更大的影响。随着英镑贬值约三分之一，德国的贸易条件急剧恶化，此前作为德意志帝国经济状况稳定器的对外贸易紧接着大幅萎缩。布吕宁政策的一个核心目标是通过节俭政策提高德国对外经济的竞争力，但这一目标一下子落空了。

因此，博沙尔特争论的结论实际上最终与弗里德曼、施瓦茨、特明、艾肯格林的争论类似，它同样显示，单单从国家的维度考察危机是不够的。只有考虑到当时的货币政策局势、因赔款和盟国战争债务问题而政治化的经济关系，以及金本位制对货币政策行动空间的限制，才能充分理解布吕宁经济政策的困境。但克努特·博沙尔特可能不会同意这一结论，因为他特别强调了大萧条在德国十分严重这一国内背景条件。但在这个方面，学界讨论并没有普遍跟随他的观点。

## 危机的国际维度

尤尔根·奥斯特哈梅尔（Jürgen Osterhammel）曾准确地指出，大萧条是第一个确实具有全球影响的历史事件，它影响到了西方工业国家和拉丁美洲、亚洲、非洲的国家。到 20 世纪 20 年代末，几乎没有一个国家不以某种形式在实际上融入全球经济，因此它们无法避免受到农产品市场上的价格暴跌、日益加剧的保护主义或加剧的殖民主义剥削压力的影响。

然而，我们并不能声称，有关这场危机的研究均关注了危机的全球性特征。比如，关于美国大萧条的研究被证明是极其以自我为中心的。弗里德曼、施瓦茨关于"大收缩"的考量针对的就是美国的国内经济。除了一些引人注目的例外，直至今日，情况依然如此。因此，查尔斯·金德尔伯格 1973 年的早期著作以及 1992 年巴里·艾肯格林的《黄金枷锁》在其全球历史视角方面仍几乎是独一无二的。查尔斯·费因斯坦、彼得·特明和詹尼·托尼奥洛在几年前发布了一部深入探讨战间期全球经济的经济史综述。它在内容上与艾肯格林的观点紧密相关，而艾肯格林与彼得·特明的观点有一部分重合。

在很长一段时间里，对于美国来说，似乎并不需要在全球范围的层面对这场危机进行考察。一方面，因为美国的股市崩盘似乎可以明确地定位为危机的起点。另一方面，人们认为"美

国的经济崩溃引发了全球危机"这句话似乎有道理，毕竟美国
是世界上最大的经济体，世界上一半的国家都对美国欠债。资
金从德国和其他国家回流到美国是这些国家的危机越发严重的
决定性因素，这一点很久以来就被普遍接受。因此，在讨论危
机在全球蔓延的情况之前，首先询问是什么引发了美国的危机，
似乎合情合理。

在过去 30 年的经济史研究中，有多种因素使人们对这种
单一的起因与结果关系持怀疑态度。其中一个因素是，1929 年
10 月股市崩盘作为危机起点的重要性弱化了。虽然不能真正地
否认股市崩盘对危机发展的重大影响，但在此之前，已经频繁
地有迹象表明世界经济出现了问题。其中包括农产品市场上的
价格下跌，从美国流向其他国家的资本自 1928 年夏季起开始
减少，盟军间的债务问题尚未解决，发达工业国家的许多工业
部门面临巨大的产能过剩问题。

此外，因为越来越强调货币体系和金本位制的重要性，人
们更加细致地评估了美国的角色。在 1914 年之前还可以说全球
经济的货币和金融政策中心显然是英国伦敦，但在 20 世纪 20
年代恢复金本位制的背景下，这样的说法就不再那么容易成立，
但也不能简单地说是美国华尔街。学界不断探讨世界经济危机
是否最终由法国央行的黄金积累政策及其引发的全球通缩趋势
所触发，道格拉斯·欧文在最近几年中多次表达他的立场。此外，

在 1929 年，英国作为进口国的重要性远远大于美国，而美国则将强大的出口与通过保护主义隔离其国内市场相结合。如果仅仅从贸易的角度来看，美国肯定更多地受到来自全球危机的影响，而不是全球危机受美国的影响。这绝不是要否认美国在大萧条中的重要角色，但人们应该摒弃全球经济具有一个能够成为全球危机传染源的、可明确识别的中心的观念。

总体而言，尤其在第一次世界大战的影响下，全球经济承受着严重的结构性问题所带来的压力，如果没有这些问题，最初的经济衰退绝不会以这种方式发展下去，金本位制也不会像在现实中发生的那样大规模地引发通货紧缩。在这个过程中，特别要关注全球经济的外围地区所扮演的角色。尽管这些国家大多数确实无力抵御农产品和原材料价格的暴跌，但它们也不仅仅是经济发展的"受害者"。相反，这些国家通过特定的方式做出了反应，例如试图扩大生产（这在一定程度上加剧了农产品市场上价格的进一步下跌）。特别是拉丁美洲国家大量采取了关税保护和进口替代的组合策略，以摆脱对西方工业国家的依赖。苏联统治者的残酷农业政策也推动了全球谷物过剩的问题。其他国家则试图更多地回归到自给自足的模式。

因此，它们对 20 世纪 30 年代经济结构的变化做出了重要贡献，能够最好地总结这一变化的关键词是"去全球化"。虽然最近有人认为，这一变化更适合描述为贸易关系的转移，而

不是完全的断裂。例如，纳粹德国将贸易重点越来越多地转向
东欧和拉丁美洲，与英国和法国的贸易则急剧缩减。而英国则
加强了和英联邦的贸易联系。在亚洲和美洲也能够观察到类似
的转变。然而，20 世纪 30 年代的保护主义政策和贸易及货币
联盟的形成打断了日益增长的全球经济交流，并且导致世界贸
易急剧萎缩。这些新的变化在大多数情况下只是面对潜在的政
治和经济紧张局势时的应急方案。各国间持久的经贸关系变得
很少，且不能在第二次世界大战后立即重建。

　　1969 年，美国经济学家保罗·萨缪尔森（Paul Samuelson）
在与米尔顿·弗里德曼关于全球经济危机的电视辩论中表示，
危机的严重程度和持续时间可以归因于一系列的"意外事件"。
他将这些事件在一定程度上描述为 "最坏情况"成了现实，同
时指出，有时候正是应对危机的努力导致了危机进一步恶化。
这种观点有其道理。美国的经济过热、股市崩盘以及随后的国
内经济衰退，金本位制带来的行动限制、盟国间的债务问题以
及保护关税政策引发的全球经济关系破裂，各经济政策参与者
之间的利益分歧，对危机的不同解释，频繁发生的大规模国内
政治冲突，只有这些因素综合作用，才能解释为何出现了现代
工业时代最严重的经济大萧条。多重因素共同造成全球经济危
机如此严重并持续如此之久。这也清楚地显示出，用一个大经
济理论解释危机的时代已经一去不复返，重新审视危机的历史

发展过程显得更加重要。

　　关于全球经济危机的起因、后果及其发展过程的辩论历程还显示了一点，即大萧条一再成为不同经济理论模型证明其解释力的实验室。这大大丰富了我们关于危机的实证知识。同时，这也导致在评估事件时，事实论据和经济理论"信仰者"的论据往往难以分割。

　　问题在于，我们是否可以由此得出结论，即对大萧条的评估实际上只取决于作者属于哪一经济历史学派。目前有一种风气，是将宏观经济学视为一种意识形态活动，并认为其方法和结果与永远无法彻底定义清楚的"现实"无关。

　　之所以会对有关全球经济危机的起因和后果的历史辩论存在质疑，与凯恩斯主义者和货币主义者之间的激烈对立有关，当然也与辩论中的许多论据天然具有反事实的特性有关。有几个问题很重要，即政治家、经济学家和企业家原本可以采取何种替代方式行动，以及本来可以如何避免全球经济危机的灾难。这些提问则始终面临着重建实际情况和明确行动空间的问题，关于克努特·博沙尔特观点的辩论更加明确地显示了这一点。就此而言，正是经济理论上的对立促使人们对大萧条的历史不断提出新的问题，从而对历史研究起到了关键性的促进作用。

第四章

全球经济危机和当前的金融危机

　　自 2008 年全球金融和经济危机爆发以来，战间期的全球经济危机重新引起了关注。更准确地说，它在短时间内成为讨论和解释当前危机及缓解或克服措施的参照框架。这一点非常令人意外，因为大萧条并没有传达一个简单明了的信息，可以用来轻易地复制并应用于当今时代。相反，正如我们所看到的，对于战间期的经济发展存在许多相互对立甚至相互矛盾的观点。

　　如果今天有人提到，我们已经从战间期的全球经济危机中吸取了教训——那么这是一种大胆的说法。因为自 2008 年以来，欧洲和北美洲不同国家采用的政策组合差异太大，无法被视为成熟的方法，至少在欧洲，欧洲央行的措施和声明主要是拖延时间。许多国家经济结构数据仍然恶劣，并没有因为货币政策掩盖了真正的问题而做出改变。我们是否从全球经济危机中学到了经验，以及这些教训是否能够确保如今政策的成功，还不得而知——即使被认为在 1929 年后的今天不会再重复全球经济危机中犯下的政治错误，也远远不能保证这种政策适用于解决当前的问题。

安娜·J.施瓦茨与米尔顿·弗里德曼共同提出的对大萧条的解释应该是至今最具影响力的理论。而安娜甚至在去世前不久（2012年）表达了自己的怀疑，她指责本·伯南克的措施实际上是在重演过去的战役。伯南克认为1929年后，人们从全球经济危机中已经得出了正确的结论。他甚至认为，全球经济危机是"所有经济危机的母亲"。对他而言，全球经济危机以及对它的理解就是现代经济学的"圣杯"，至少在2010年，他相信自己找到了这个圣杯。2010年5月17日《南德意志报》引用了他的言论："如果没有美联储的积极主动且非传统的政策，世界将陷入一场新的，甚至可能比1929年还要严重的危机。"在他看来，正是美联储的紧缩货币政策对全球经济危机的爆发起了决定性作用。因此，他提议向美国金融系统注入大量资金是可以理解的。同时，这也有利于奥巴马政府推行一种新凯恩斯主义的经济政策，而这种政策正是通过资金注入才能实现的。

这样一来，约翰·梅纳德·凯恩斯也得到了肯定，他提出了对全球经济危机的另一种重要解释：投资或消费活动不足导致了持久且严重的经济不平衡，需要通过反周期的国家投资政策来加以平衡。尽管与货币主义的解释在本质上并不一致，但伯南克的货币政策由于低利率，特别是由于中央银行大量购买美国国债，不仅为金融市场提供了货币流动性，还通过信贷驱动了政府活动的扩张，这就阻止了 2008 年后的金融和经济危机重演战间期的灾难性发展。

当然，这种乐观情绪是否有理有据，还有待时间检验。尤其是救助行动带来的货币供应膨胀和政府债务大幅上升，可能成为真正的危机因素。有趣的是，尽管对全球经济危机的解释各不相同，但战间期的"大萧条"对当今世界仍然有重大意义，几乎没有其他历史事件具有这场危机一样的影响力。

经济活动的周期性、规律性且重复出现的现象，这无疑是重要的。但当前世界经济危机的核心意义却在于另一点——即事件所制造的末世氛围。这种末世氛围既对美国的大规模贫困负责，也与希特勒独裁政权的崛起及其灾难性后果有关。对于一些观察者而言，世界经济危机传达了这样一个全面而深刻的信息：经济发展普遍倾向于导致灾难性的后果，因此必须由国家进行监管、控制和约束。在所有可能的证据中，全球经济危机似乎最能明确地证明这个道理：未受监管的经济会威胁到民主政治体系的存在。

这些几乎没有科学论据支持的信念在当前关于金融危机的讨论中有其相对应的说法：即使不能作为全面约束经济的理由，全球经济危机仍然经常被用来证明金融行业需要受到尽可能严格的监管。全球经济危机在当今危机讨论中之所以成为一个受欢迎的话题，部分原因就在于它是金融部门的过度和极端行为对"实体经济"造成了沉重负担的例子。与明确的实体经济危机（例如1973年的石油危机）不同，关于全球经济危机的政治解释不仅使金融业作为危机的罪魁祸首被追责，而且同时提供了危机应对措施的论据，这些措施通常主张加强对金融部门的监管。其中，1933年在美国实施的《格拉斯－斯蒂格尔法案》引入了银行分业制度，被视为一个著名的例证。

尽管对银行业的监管形式和可能性的讨论是有其正当性的，但从全球经济危机的事件中推导出的历史论据却有些站不住脚。对金融部门从业者的某些几乎可以称为歇斯底里的指责，往往更多地反映了特定群体的心理。如果将当今加强银行监管的论点与20世纪20年代和30年代对"金融资本"的顾虑进行更仔细的历史对比，可能会揭示出明显的且令人不悦的相似之处。此外，当今对"金融化"（即相对于国内生产总值，金融市场交易量大幅上升）的解释，通常被视为金融部门"不健康"或"非自然"的过度扩张，也反映了对这一发展现象作为现代（全球）经济结构的一种变迁的抗拒，而更倾向于依赖已知的全球经济危机模式。

利用全球经济危机为当今经济政策的合法性提供支持并不是一个新现象。早在20世纪50年代，全球经济危机的所谓确凿经验就已成为由凯恩斯主义推动的全球治理上升的主要合法性依据。希特勒政府在克服失业方面被认为取得的成功，可称为虽然不正义但仍然适用的国家经济政策成功的例子。而且，即使是对全球经济危机的非凯恩斯主义的解释也秉承了凯恩斯的基本信念，即通过正确的行动，危机的严重程度本可以被限制。从那时起，每次针对危机的讨论都充斥着各种比较，现今的文献中，在全球经济危机背景下研究当前经济事件或与之进行对比已经变得必不可少。

鉴于 2008 年后金融和经济危机的深度及其全球范围的影响，做这种对比更是必然的。从那时起，一种固定的观点已经形成：国家的经济政策从 1929 年后的危机中学到了经验，通过采取相应的措施有效遏制了当前的危机，避免了危机的升级。考虑到历史事件在本质上是独一无二的，无法重复，这种观点显然有些牵强，很明显人们之所以做出这样的努力，是因为意识到当前反危机措施的风险。这也是全球经济危机在当今政治交流中扮演如此重要角色的第二个原因。因为对全球经济危机的引用或多或少具有一些可信度，从而为自身的行动提供了一种合法性的基础：为了避免末世灾难，即使是极端的行动也是合理的。

这些观点不仅假设了事件的可比性——原则上总是具有可比性的，它们还希望通过比较发现这些事件之间的相似性，从而不再让历史重演。但核心问题在于政府政治行为在历史上的合法性。更尖锐的问题则是，在今天利用国家手段拯救那导致全球经济体系陷入深渊的经济和金融参与者，这种非传统措施并非不合法，但需要充分的论据，单纯地诉诸末世情景在经济史的视角下显然不够充分。只需列举几个要点，就可以很明显地看到1929年和2008年后事情的根本区别。

第一，第一次世界大战结束后，一开始，主要经济强国之间的有效合作非常有限。在欧洲，战争结束后不久就几乎公然地爆发了一场经济大战，在这场大战中，各国总是根据谁会从中受益来评估解决方案。清偿赔款之所以困难，是因为这样做虽然可以满足债权人的要求，但同时是以债务国取得经济成功为前提的，对于德国而言，这种成功并非曾经的敌人所愿意看到的。

在美国的金融霸权下，逐步将"政治债务"转化为私人债务的出路（道威斯计划和杨格计划）失败了，因为美国在这场游戏中只想充当债权人，而不愿意成为帮助债务国赚取盈余来偿还债务的进口国。各债务国，特别是德国被迫在其他地方赚取盈余。因此它们必须改善在第三国的出口地位——尽管不得不忍受必然的排挤，或者靠更多的借贷来偿还已有的债务。这形成了一个充满了不信任和相互竞争关系的国际债务循环，一旦美国或者同样拥有强大地位的法国不再支持这个循环，它就会崩溃。这个循环逐步地在1927年、1929年并最终在1931年终结，对国际经济合作造成了灾难性的后果。

至此，危机国家的融资取决于贷款方是否愿意继续这个游戏。我们可以尖锐地说，正是救助政策，尤其是稳定欧元区的措施，制造了一种类似于 20 世纪 20 年代末期的情况，当时正是这种情况引发并加剧了全球经济危机。现在所有的一切都取决于欧洲央行（EZB）稳定信贷系统的意愿，危机可以同时被加剧和停滞。这是否可以称为解决方案，还有待商榷，但可以肯定的是，当前危机与历史上的危机之间的相似性都是通过"救助"产生的。

第二，当前国际贸易的发展状况与 20 世纪 20 年代几乎不具有可比性。今天的国际贸易是世界经济的驱动力，它的增长速度超过了全球经济总量的增长，因此也是劳动分工深化和多个全球经济结构趋同的一个可靠迹象。全球商品价格的趋同，不仅反映了运输成本的显著降低，还反映了劳动分工的深化和巨大的生产率差异的缩小。而在战间期，世界贸易的发展极为复杂，之前提到过全球性的贸易保护主义，加上 20 世纪 30 年代金本位制的最终崩溃，最终结束了不同经济区域的一体化，使得交换变得更加困难。与 19 世纪末期和第一次世界大战后的时期相比，商品价格差异再次扩大，虽然在全球经济危机爆发前，这种发展趋势并不显著。而危机一旦爆发，国际贸易本身的衰退则会成为一个危机因素。

当今，这一点并没有显现出来。从 1930 年各国开始推行的"以邻为壑"政策被认为是加剧危机的一个重要因素，正是由于对这种政策可能带来的灾难性后果有清晰的认识，再次出现类似的保护主义竞赛至少目前来看似乎不太可能，至少工业大国的政策已经变得更加谨慎。还有一部分原因是由于全球经济的互联性已经达到了很高的程度，实施全面的保护主义意味着自取灭亡。但在 20 世纪 20 年代末期，不仅经济互联程度较低，而且在经济学界也有人声称全球经济一体化处于下降趋势，即便不考虑当时的具体情况，保护主义也被认为是正确的。

第三，当前在经济结构方面的压力明显低于战间期。第一次世界大战同时导致了农业和工业生产力的变相提高，在欧洲主要服务于战争。与此同时，它还促进了这些生产力的扩张，尤其是在需要替代欧洲的进口产品或为欧洲国家提供食品的地区。战争结束后，欧洲经济带着其扩大的生产能力回到了生产能力原本就已经显著增长的全球市场。农业部门陷入了因生产过剩和价格下跌而引发的结构性危机，无法恢复元气。类似的现象也影响了工业领域，例如钢铁工业和煤矿开采。过剩的生产和激烈的价格竞争使这些行业极易受到危机的冲击。通常，在这些领域，微小的诱因就足以引发较大规模的危机现象。

也正是这些现象在危机发生之前推动了经济领域的保护主义倾向，从自己国家的角度而言，那些需要受保护免受国际竞争破坏的肯定是对国家至关重要的行业。尽管今天的全球农业市场不稳定，许多工业部门例如汽车制造业也存在大量的过剩生产力，常常呼吁"国家保护"，但在2008年危机前的几年，发达经济体基本上没有经历类似战间期的结构性压力，过剩的工业生产能力并未被认为具有威胁，相反某些国家的经济结构变化和工业生产力的加速淘汰被视为进步的标志。

第四，20世纪20年代并没有现在所谓的"自动稳定器"现象，特别是在战间期的任何发达国家中都没有看到国家社会福利的发展能够与今天的社会福利结构和成果相提并论，虽然这并不适用于参与全球经济的所有地区。在欧洲，第一次世界大战导致了大量人口陷入贫困；在德国，主要是中产阶级受到战争和通货膨胀的影响，失去了大量的财富；工人阶级由于缺乏资产，并未承受类似的财富损失，但因高失业率和微薄的国家社会福利而处境艰难。虽然这些福利随着时间的推移有所增加，但在全球经济危机中却被迫削减。相较之下，德国和英国的状况较好，而美国和法国都没有支撑稳定消费和生活水平的再分配系统。

现今的国家收入替代津贴可以防止失业人员陷入物质贫困，这不仅适用于发达的欧洲国家，也适用于美国，尽管在美国失业保险大部分情况下只能保障最基本的生存。总体而言，社会保障体系今天在稳定经济和社会方面发挥着作用。因此，20世纪30年代初期美国或德国失业者的境遇与如今失业者的状况几乎不具有可比性。

第五，在 20 世纪 20 年代，国家财政在国民经济总量中所占的比重明显低于今天（魏玛共和国的国家支出比率即使在 1927 年引入失业保险后也只有约 30%，同期美国则约为 15%），这个区别使历史上的危机参与者比现在的行动者更具优势。至少从今天的视角来看，当时反周期的经济政策在财政上有更大的活动空间——尽管当时人们鉴于战前的数据（仅在 10% 到 15% 之间）认为 30% 的比率已经构成了危机因素。然而，这种理论上的操作空间在实践中是难以兑现的：想通过倍增税负进而实现财政收入的翻番，在政治层面几乎不可行。而在今天，国家支出占 GDP 的比例已经达到 40% 到 50%，所以扩大国家财务支出也变得不再可能。

第六，尽管存在表面上的相似性和经济统计上的等同假设，但两次危机的进程却显示出明显的差异。首先，两次危机的直接起因都是由投机泡沫引发的，这表明全球经济危机与最近的金融危机之间有很大的相似性。美国房地产市场的"次贷"危机是由于怂恿财务状况不佳的购房者群体购买房地产引起的，而这与 20 世纪 20 年代末美国为了稳定陷入危机的农业而向已经无法偿还债务的农民发放抵押贷款颇为类似，这些农民最终因几次歉收和国际农产品价格暴跌而陷入破产。几乎像是一种历史的讽刺，1934 年为了应对这一问题而成立的两家国有银行

"房利美"和"房地美"，在2007年再次成为房地产危机的中心。只是这一次问题出现在另一方面，因为它们将不充分担保的房地产贷款证券化，很大程度上使得这些贷款摇身变为一流的投资产品。

在全球经济危机中，美国的房地产危机只是全球经济中的一个特殊问题，与大崩溃的联系较少。与之相反，2007年的"次贷"危机确实引发了金融市场一系列的连锁反应，直接导致了投资银行"雷曼兄弟"的倒闭。相比之下，20世纪30年代震惊世人的银行倒闭事件，例如奥地利信用银行、达纳特银行或美国类似的金融机构，并非房地产交易导致的，而是由于工业经济中一定程度上的欺诈行为导致的。因此，尽管事件发生的时间顺序表面上看上去相似，但事件发生背景中的因果关系却有所不同。

最后我们还要看看两次危机中的国际货币秩序，虽然两者有一定的相似性，但也存在许多差异。今天，全球并没有一个类似于金本位的体系需要在政治上维持稳定。主要货币区之间通过自由兑换以及外汇市场上相应的价格调整相互关联，美元、日元、欧元和卢布可以自由交易。如果外汇汇率受到政治干预，这通常是某个国家通过在市场上大规模地支持性购买来单方面固定汇率，例如中国政府自1990年以来为了维持人民币对美元的低汇率，以及瑞士国家银行自2011年以来为了稳定瑞士法

郎对欧元的汇率而采取的行动。然而，当前并不存在一个自动
干预机制，或者在缺乏干预机制时像 20 世纪 20 年代和 30 年
代初期金本位制引发全面通缩效应那样进入自我强化的循环。

　　欧元区的问题与历史参与者的问题也不可相提并论。欧元
区之所以易发危机，有许多原因。主要是由于成员国的经济能
力不一致，这使得统一的利率和一致的对外价值在本质上不可
能实现。然而，这最终是欧元区内部的政治问题，欧元区的成
员国政府至少到目前为止既未质疑欧元的稳定性也未质疑其作
为世界货币的功能。如果说金本位制在战间期对参与国家的经
济、金融和货币政策在本质上具有限制性的影响，从一定角度
来讲，只有在它被废除之后，才提供了实施"再通货膨胀政策"
的机会，那么当前则不存在这类限制。相反，美联储、英格兰
银行、欧洲中央银行或日本央行的货币政策非常积极——如果
我们相信它们的声明——这些中央银行在这一点上近期都不会
有多大改变。它们甚至将这种态度归因于从全球经济危机中获
取的经验，可以说，在这方面确实存在相似性和历史经验的学习。
然而，即使在这一点上也应保持谨慎，因为 2008 年的金融和
经济危机绝对不是由于货币政策过于限制引发的。美国自 1990
年以来就在实行扩张性的货币政策，至少有一部分经济学家认
为这对世界金融危机的爆发规模和波及程度负有不可推卸的责
任。因此，通过对货币体系和货币政策的比较分析绝对不能得

出简单的结论。

综合以上观点，它们展示了两次危机历程的情景，尽管在起因和过程方面存在某些相似性，但在核心上却显著不同。比较分析同时显示，短期的政治措施少有效果，但在 20 世纪 20 年代晚期，这些措施的效力可能远高于当今，因为如今国内生产总值的很大一部分已通过国家措施用于社会政策的稳定。与历史的对比让一些差异尤为显著，正是这些差异使得我们难以轻易接受自 2008 年以来从美国开始在全球蔓延的末日危机论调。战间期的全球经济危机作为一场重大的警示仍然历历在目，通过一些简单的比较就可以得知，2008 年的情况与 20 世纪 20 年代末完全不同。因此，很难将为防止类似 1929 年后发生的灾难而采取的措施视为比较分析危机的必然结果。似乎更多的是为了给那些不受欢迎的、旨在稳定金融部门的措施寻找能够被民主国家的公众接受的理由。至少从这个角度来说，提及 1929 年具有难以抗拒的重要性。

我们在观察危机进程和危机应对策略时，凸显的并不仅仅是全球经济危机对于 2008 年后大危机的"工具化利用"。仅仅是当今大家普遍认识到第一次危机的灾难性后果这一事实，就已经给每一次的危机对比分析带来了极大的启示。与当今的政策制订者不同，在 1929 年后经济和金融政策的定制者从未经历过严重的经济危机，从而无法利用这些经验作为他们的行动指南。就此而言，许多政策制定者直到 1931 年仍然相信危机可以"自行消退"，这样的天真态度作为一种历史现象完全可以理解。

如今有了 1929 年大危机的经验，单纯地等待危机结束已经不再具备政治上的可行性，各国必须采取合适的经济政策，以稳定经济周期并减轻其波动的影响，在这个过程中如今特别值得注意的是要以何种强度采取行动。因此，在一段时间内，当前经济和金融危机吸取历史教训的一个效果可能是：虽然国家总是倾向于要控制经济，但这可能超过了它的能力范围，毕竟末世灾难通常不会重演。然而，这已经不再是一个经济史能解决的问题。

# 图表目录

# 附　言

　　全球经济危机发生在一个还没有像今天这样被全面统计和观测的经济体系中。国家经济核算和对社会产品的定期官方统计，是在危机发生之后下才开始出现的。因此，在危机发生时相关数据并不存在，这导致了对各种危机解释的统计基础存在许多争论。

　　争议主要集中在国家数据库的可比性问题上。例如，法国的失业统计采用了完全不同于德国的调查标准。货币危机也使得这种比较变得更加困难。在金本位制度崩溃的情况下，货币贬值竞赛导致了不同国家之间的相对价格总在持续发生变化。而在基于 1990 年的购买力平价进行比较的货币体系中（这是国际经济史文章中常用的比较方式），这种变化很难得到充分的体现。对于外汇管制的国家，其根据不同产品组，通过不同的清算协议确定的不同的货币对外价值，更是难以纳入这种统计规范化进程。这些国家通常直接用官方汇率进行核算，以 20 年代 30 年代的德国为例，其对应的是 1924 年设定的金平价。然而，德国在 1931 年转向外汇管制后，这一汇率在世界上任何地方都难以实现。因此，以下汇总的表格只能反映 20 世纪 30 年代初期所发生事件的大致统计情况，它在一定程度上仅能粗略地呈现各国状况，并且在具体细节上可能与各章节中使用的更精确的数据存在差异。尽管如此，我们仍然希望保留这些表格，以实现一个至少初步的、定量的国家间对比。

表 5：选定国家的人均国内生产总值的发展情况（1928 年 = 100）

| 人均国内生产总值　年份＼国家 | 德国 | 英国 | 美国 | 法国 | 比利时 | 意大利 | 挪威 | 苏联 | 澳大利亚 | 阿根廷 | 巴西 | 中国 |
|---|---|---|---|---|---|---|---|---|---|---|---|---|
| 1925 | 86 | 96 | 96 | 94 | 91 | 97 | 93 | | 102 | 91 | 87 | |
| 1926 | 88 | 92 | 101 | 96 | 93 | 97 | 94 | | 102 | 93 | 87 | |
| 1927 | 96 | 99 | 100 | 94 | 96 | 94 | 97 | | 102 | 97 | 92 | |
| 1928 | 100 | 100 | 100 | 100 | 100 | 100 | 100 | 100 | 100 | 100 | 100 | |
| 1929 | 99 | 103 | 105 | 106 | 98 | 103 | 109 | 101 | 97 | 102 | 98 | 100 |
| 1930 | 97 | 102 | 95 | 102 | 97 | 97 | 116 | 106 | 86 | 95 | 91 | 101 |
| 1931 | 89 | 96 | 87 | 96 | 95 | 95 | 107 | 107 | 80 | 87 | 87 | 101 |
| 1932 | 82 | 96 | 75 | 89 | 90 | 98 | 113 | 105 | 84 | 82 | 88 | 104 |
| 1933 | 87 | 99 | 73 | 96 | 91 | 96 | 115 | 109 | 89 | 84 | 93 | 103 |
| 1934 | 94 | 105 | 78 | 95 | 90 | 96 | 118 | 119 | 93 | 90 | 99 | 93 |
| 1935 | 101 | 108 | 82 | 92 | 95 | 104 | 123 | 136 | 98 | 92 | 99 | 101 |
| 1936 | 109 | 113 | 94 | 96 | 96 | 104 | 130 | 145 | 101 | 91 | 107 | 106 |

| 国家<br>人均<br>国内生<br>产总值<br>年份 | 德国 | 英国 | 美国 | 法国 | 比利时 | 意大利 | 挪威 | 苏联 | 澳大利亚 | 阿根廷 | 巴西 | 中国 |
|---|---|---|---|---|---|---|---|---|---|---|---|---|
| 1937 | 115 | 116 | 98 | 101 | 97 | 110 | 133 | 157 | 105 | 96 | 108 | 103 |
| 1938 | 122 | 117 | 93 | 101 | 94 | 110 | 136 | 157 | 108 | 95 | 110 | 100 |
| 1939 | 132 | 117 | 100 | 108 | 100 | 117 | 142 | 163 | 107 | 97 | 109 | |

来源：1928 年 =100 的指数值是根据麦迪逊（Madison）《世界经济：历史统计》中的人均国内生产总值数据计算的，它基于吉瑞 - 哈米斯美元（Geary-Khamis-Dollar），即以 1990 年购买力平价的美元值确定价值。因为没有 1928 年中国的相关数据，所以我们将 1929 年的指数设定为 100。

表 6：选定国家的工业生产发展情况（1937 年 =100）

| 国家<br>工业<br>生产<br>指数<br>年份 | 德国 | 英国 | 美国[a] | 法国 | 比利时 | 意大利 | 挪威 | 苏联 | 巴西[a] |
|---|---|---|---|---|---|---|---|---|---|
| 1925 | 69 | 69.1 | 101 | 107 | 82 | 83 | 69 | | 36 |
| 1926 | 67 | 65.3 | 107 | 125 | 96 | 83 | 61 | | 40 |
| 1927 | 84 | 75.3 | 108 | 109 | 106 | 80 | 63 | | 46 |
| 1928 | 85 | 73.3 | 111 | 111 | 115 | 88 | 69 | 37 | 60 |
| 1929 | 85 | 76.9 | 124 | 123 | 115 | 90 | 77 | 43 | 56 |
| 1930 | 74 | 73.6 | 106 | 123 | 97 | 85 | 78 | 53 | 49 |
| 1931 | 60 | 68.9 | 89 | 105 | 88 | 77 | 60 | 57 | 48 |
| 1932 | 50 | 68.6 | 67 | 91 | 73 | 77 | 72 | 58 | 46 |
| 1933 | 56 | 73.1 | 78 | 99 | 76 | 82 | 72 | 61 | 50 |
| 1934 | 71 | 80.4 | 85 | 92 | 76 | 80 | 75 | 70 | 57 |
| 1935 | 82 | 86.6 | 102 | 88 | 83 | 86 | 83 | 83 | 70 |
| 1936 | 91 | 94.4 | 120 | 95 | 90 | 86 | 91 | 99 | 80 |

续表

| 工业生产指数 / 国家 / 年份 | 德国 | 英国 | 美国[a] | 法国 | 比利时 | 意大利 | 挪威 | 苏联 | 巴西[a] |
|---|---|---|---|---|---|---|---|---|---|
| 1937 | 100 | 100 | 128 | 100 | 100 | 100 | 100 | 100 | 94 |
| 1938 | 107 | 97.3 | 100 | 92 | 81 | 100 | 100 | 104 | 100 |
| 1939 | 113 |  | | 127 | | 86 | 109 | 107 | 111 | 120 |

a）基准年为 1938 年

来源：这些数值涉及各国加工行业的生产指数，不包括采矿、建筑业和公共服务业。这些数据由布莱恩·米切尔（Brian Mitchell）领导的工作小组在 20 世纪 80 年代收集和发布：布莱恩·米切尔·R.（52003），《国际历史统计，第 I 卷：美洲，1750—2000》；布莱恩·米切尔·R.（52003），《国际历史统计，欧洲，1750—2000》。

表 7：选定国家的失业率情况（以劳动人口百分比表示）

| 失业率百分比 / 国家 / 年份 | 德国 | a | 英国 | 美国 | 法国 | 比利时 | 挪威 | 澳大利亚[b] | 新西兰[b] |
|---|---|---|---|---|---|---|---|---|---|
| 1925 | 6.8 | 4.0 | 11.3 | 5.4 | 3.0 | 1.5 | 13.2 | 6.3 | |
| 1926 | 18.0 | 11.8 | 12.5 | 2.9 | 3.0 | 1.4 | 24.3 | 4.9 | |
| 1927 | 8.8 | 7.1 | 9.7 | 5.4 | 11.0 | 1.8 | 25.4 | 4.2 | |
| 1928 | 8.6 | 7.7 | 10.8 | 6.9 | 4.0 | 0.9 | 19.2 | 6.2 | |
| 1929 | 13.3 | 10.4 | 10.4 | 5.3 | 1.0 | 1.3 | 15.4 | 6.7 | 2.9 |
| 1930 | 22.7 | 17.2 | 16.1 | 14.2 | 2.0 | 3.6 | 16.6 | 9.8 | 5.3 |
| 1931 | 34.3 | 25.5 | 21.3 | 25.2 | 6.5 | 10.9 | 22.3 | 16.4 | 41.4 |
| 1932 | 43.8 | 31.5 | 22.1 | 36.3 | 15.4 | 19.0 | 30.8 | 19.7 | 51.5 |
| 1933 | 36.2 | 27.2 | 19.9 | 37.6 | 14.1 | 16.9 | 33.4 | 18.9 | 46.9 |

续表

| 失业率百分比 ＼ 国家<br>年份 | 德国 | a | 英国 | 美国 | 法国 | 比利时 | 挪威 | 澳大利亚 [b] | 新西兰 [b] |
|---|---|---|---|---|---|---|---|---|---|
| 1934 | 20.5 | 15.7 | 16.7 | 32.6 | 13.8 | 18.9 | 30.7 | 16.0 | 39.2 |
| 1935 | 16.2 | 12.1 | 15.5 | 30.2 | 14.5 | 17.8 | 25.3 | 14.0 | 38.2 |
| 1936 | 12.0 | 9.6 | 13.1 | 25.4 | 10.4 | 13.5 | 18.8 | 11.0 | 36.9 |
| 1937 | 6.9 | 5.0 | 10.8 | 21.3 | 7.4 | 11.5 | 20.2 | 8.8 | |
| 1938 | 3.2 | 2.2 | 12.9 | 27.9 | 7.8 | 14.0 | 22.0 | 7.5 | 4.8 |
| 1939 | 0.9 | | 10.5 | 25.2 | 8.1 | 15.9 | 18.3 | 8.8 | |

来源：巴里·艾肯格林、T. J. 哈顿（1987 年），《国际视角下的战争间歇期失业情况》（*Interwar Unemployment in International Perspective*），多德雷赫特、波士顿、伦敦，不包括：a）阿尔布雷希特·里特施尔（2013）的《赔款、赤字和债务违约：德国的大萧条》，见于尼古拉斯·克拉夫茨、彼得·费伦（编）的《20 世纪 30 年代的大萧条：今天的教训》；b）布莱恩·米切尔·R.（2003），《国际历史统计：非洲、亚洲与大洋洲，1750—2000》。

表 8：选定国家的消费者价格的发展情况（1929 年 =100）

| 消费者价格 ＼ 国家<br>年份 | 德国 | 英国 | 美国 [a] | 法国 | 比利时 | 意大利 | 挪威 | 新西兰 [b] | 澳大利亚 [b] |
|---|---|---|---|---|---|---|---|---|---|
| 1925 | 91 | 107 | 177 | 69 | 59 | 108 | 147 | 105 | 107 |
| 1926 | 92 | 105 | 178 | 90 | 71 | 116 | 124 | 107 | 108 |
| 1927 | 96 | 102 | 175 | 94 | 91 | 106 | 112 | 105 | 108 |
| 1928 | 99 | 101 | 173 | 94 | 94 | 98 | 105 | 106 | 110 |
| 1929 | 100 | 100 | 173 | 100 | 100 | 100 | 100 | 105 | 111 |
| 1930 | 96 | 96 | 168 | 101 | 100 | 97 | 97 | 103 | 111 |

| 消费者价格/国家/年份 | 德国 | 英国 | 美国[a] | 法国 | 比利时 | 意大利 | 挪威 | 新西兰[b] | 澳大利亚[b] |
|---|---|---|---|---|---|---|---|---|---|
| 1931 | 88 | 90 | 154 | 97 | 91 | 87 | 92 | 95 | 102 |
| 1932 | 78 | 88 | 138 | 88 | 82 | 85 | 90 | 88 | 98 |
| 1933 | 77 | 85 | 131 | 85 | 81 | 80 | 89 | 84 | 94 |
| 1934 | 79 | 86 | 135 | 82 | 76 | 76 | 89 | 85 | 94 |
| 1935 | 80 | 87 | 138 | 75 | 75 | 77 | 91 | 88 | 94 |
| 1936 | 81 | 90 | 140 | 80 | 78 | 83 | 93 | 91 | 95 |
| 1937 | 81 | 94 | 145 | 101 | 84 | 91 | 100 | 98 | 98 |
| 1938 | 82 | 95 | 142 | 115 | 87 | 98 | 103 | 100 | 100 |
| 1939 | 82 | 96 | | 122 | | 100 | 105 | | |

a）基准年 1913 = 100；b）基准年 1938 = 100

来源：布莱恩·米切尔·R.（2003），《国际历史统计，第 1 卷：美洲，1750—2000》；布莱恩·米切尔·R.（2003），《国际历史统计，欧洲，1750—2000》；米切尔，布莱恩·米切尔·R.（2003），《国际历史统计，非洲、亚洲与大洋洲，1750—2000》。米切尔领导的团队对这些指数解释道："在某些情况下，不同的指数被粗略地拼接在一起，以给出一个生活成本长期变化的粗略指标。如果要在进一步的计算中使用这些指数，应考虑到它们构造上的差异。"

## 表9：主要农产品的价格指数

（1923—1925 年的平均值 = 100）

| 1923 | 价格指数 | 1925 | 价格指数 |
|---|---|---|---|
| 一月 | 94.2 | 一月 | 98.3 |
| 二月 | 105.6 | 二月 | 98.9 |
| 三月 | 109.0 | 三月 | 98.6 |
| 四月 | 109.0 | 四月 | 93.1 |
| 五月 | 106.6 | 五月 | 94.6 |
| 六月 | 103.1 | 六月 | 101.9 |
| 七月 | 96.8 | 七月 | 106.8 |
| 八月 | 91.1 | 八月 | 102.8 |
| 九月 | 101.2 | 九月 | 103.2 |
| 十月 | 104.0 | 十月 | 99.6 |
| 十一月 | 107.4 | 十一月 | 101.6 |
| 十二月 | 108.4 | 十二月 | 102.2 |
| 1924 | | 1926 | |
| 一月 | 103.4 | 一月 | 97.7 |
| 二月 | 109.7* | 二月 | 92.8 |
| 三月 | 97.6 | 三月 | 87.0 |
| 四月 | 94.8 | 四月 | 85.8 |
| 五月 | 91.6 | 五月 | 85.4 |
| 六月 | 87.8 | 六月 | 83.0 |
| 七月 | 93.3 | 七月 | 82.3 |
| 八月 | 96.4 | 八月 | 81.6 |
| 九月 | 94.8 | 九月 | 81.2 |
| 十月 | 98.8 | 十月 | 99.6 |
| 十一月 | 100.3 | 十一月 | 101.6 |
| 十二月 | 98.3 | 十二月 | 102.2 |

| 1927 | 价格指数 |
|---|---|
| 一月 | 77.4 |
| 二月 | 77.1 |
| 三月 | 77.0 |
| 四月 | 77.7 |
| 五月 | 80.7 |
| 六月 | 79.0 |
| 七月 | 78.6 |
| 八月 | 81.1 |
| 九月 | 83.3 |
| 十月 | 82.6 |
| 十一月 | 82.1 |
| 十二月 | 82.4 |
| 1928 | |
| 一月 | 77.2 |
| 二月 | 76.8 |
| 三月 | 78.6 |
| 四月 | 78.1 |
| 五月 | 79.4 |
| 六月 | 77.1 |
| 七月 | 75.7 |
| 八月 | 71.1 |
| 九月 | 69.7 |
| 十月 | 70.9 |
| 十一月 | 70.8 |
| 十二月 | 71.2 |

| 1929 | 价格指数 |
|---|---|
| 一月 | 71.9 |
| 二月 | 73.2 |
| 三月 | 73.8 |
| 四月 | 70.7 |
| 五月 | 67.9 |
| 六月 | 66.3 |
| 七月 | 70.8 |
| 八月 | 70.7 |
| 九月 | 71.3 |
| 十月 | 70.0 |
| 十一月 | 63.6 |
| 十二月 | 64.5 |
| 1930 | |
| 一月 | 64.0 |
| 二月 | 59.1 |
| 三月 | 58.1 |
| 四月 | 58.7 |
| 五月 | 55.9 |
| 六月 | 51.4 |
| 七月 | 48.0 |
| 八月 | 45.5 |
| 九月 | 41.7 |
| 十月 | 42.1 |
| 十一月 | 41.7 |
| 十二月 | 38.9 |

| 1931 | 价格指数 |
| --- | --- |
| 一月 | 38.9 |
| 二月 | 38.3 |
| 三月 | 37.2 |
| 四月 | 36.6 |
| 五月 | 35.3 |
| 六月 | 34.8 |
| 七月 | 35.1 |
| 八月 | 31.4 |
| 九月 | 30.2 |
| 十月 | 30.4 |
| 十一月 | 30.5 |
| 十二月 | 27.9 |

| 1932 | 价格指数 |
| --- | --- |
| 一月 | 28.1 |
| 二月 | 27.7 |
| 三月 | 26.9 |
| 四月 | 25.8 |
| 五月 | 24.5 |
| 六月 | 23.4 |
| 七月 | 25.4 |
| 八月 | 29.4 |
| 九月 | 31.3 |
| 十月 | 28.7 |
| 十一月 | 26.5 |
| 十二月 | 24.4 |

该指数包含的商品及其权重如下：棉花（9），小麦（6），糖（6），橡胶（3），丝绸（3），咖啡（2），茶（1）。该指数是根据《当代商业》（Current Business）的调查统计数据计算得出的，详见 1932 年 9 月刊第 20 页和 1933 年 3 月刊第 24 页。1923—1926 年的价格数据由外国与国内商务局（Bureau of Foreign and Domestic Commerce）直接提供。咖啡、棉花、橡胶、丝绸和糖参考了纽约现货市场上的价格，小麦参考了利物浦的进口市场上的价格，茶参考了伦敦的现货市场上的价格。

\* 小麦价格不可查

来源：弗拉基米尔·P. 季莫申科（Vladimir P.Timoshenko，1933），《世界农业与大萧条》（World Agriculture and the Depression），密歇根.

表 10：1929—1938 年国际贸易的发展情况

（单位：百万美元）

| 年份 | 进口 | 出口 | 总额 | 对比：出口量（1929 年 =100） |
|---|---|---|---|---|
| 1929 | 35.584 | 33.014 | 68.598 | 100 |
| 1930 | 29.083 | 26.492 | 55.575 | 93 |
| 1931 | 13.972 | 18.909 | 32.881 | 85,5 |
| 1932 | 12.458 | 12.896 | 25.354 | 74.5 |
| 1933 | 12.458 | 11.715 | 24.173 | 75.4 |
| 1934 | 11.980 | 11.309 | 23.289 | 78.2 |
| 1935[a] | 11.805 | 11.263 | 23.068 | 81.8 |
| 1937[b] | 16.247 | 15.362 | 31.609 | 96.5 |
| 1938[b] | 14.237 | 13.318 | 27.555 | 89 |

a）不包括意大利；b）不包括西班牙

来源：1930 年数据来自国际联盟（编），《世界经济调查 1932—1933》，日内瓦，1933 年，第 211 页；1929 年和 1931—1935 年数据来自国际联盟（编），《国际联盟统计年鉴 1935—1936》，日内瓦，1936 年，第 221 页；1937 年和 1938 年数据来自国际联盟（编），《国际联盟统计年鉴 1939—1940》，日内瓦，1940 年，第 189 页；出口量数据来自沃伊廷斯基.W. S. 和伊廷期基·E. S（Woytinsky W. S., Woytinsky E. S., 1955），《世界商业与政府：趋势与展望》，第 39 页。